パブリック・スクール

――イギリス的紳士・淑女のつくられかた

新井潤美
Megumi Arai

岩波新書
1630

パブリック・スクール

――イギリス的紳士・淑女のつくられかた

新井潤美
Megumi Arai

岩波新書
1630

はじめに

アガサ・クリスティの人気作品『ナイルに死す』では、ポワロが一つ一つ謎を解いていくシーンで、次のようなやりとりがある。

「さあムッシュー・ファンソープ、本題に入りましょう！　あなたは私の友人ヘイスティングズと同じネクタイをしていますね」

（アガサ・クリスティ『ナイルに死す』第二十六章、一九三七年）

いきなりそのような個人的なことを指摘されて、若い弁護士であるファンソープはぎょっとして自分のネクタイを確かめる。

「これはイートン・コレッジの卒業生のネクタイです」とファンソープは答えた。

「まさにその通り。私は外国人ですが、イギリス的なものの見方を少しは分かっています。例えば「してもよいこと」と「してはならぬこと」の違いとか。〔中略〕そして「してはならぬこと」の一つは、知らない人が会話をしているときに割って入っていくことです」

ファンソープは目を見張った。

ポワロは言葉を続けた。「しかしムッシュー・ファンソープ、この間あなたはまさにそれをしたのです。船の談話室で静かに仕事の話をしている人たちがいました。あなたは彼らにふらっと近づきました。話を盗み聞きするためなのは明らかでした。そして間もなくあなたはなんと、そのご婦人の方に向かって――それはマダム・ドイルでしたが――仕事の仕方が健全であると褒め言葉を送ったのです」

ジム・ファンソープは真っ赤になった。ポワロは相手の答をまたずに話を続けた。

「ムッシュー・ファンソープ、それは私の友人ヘイスティングズと同じネクタイをしている人の行動ではありません！　ヘイスティングズはたいへんつつましい人間で、そんなことをしたら恥ずかしくて死んでしまいます！」

有名なパブリック・スクール(本文で説明するように、イギリスでは私立の中高等課程のエリート校を指す)であるイートン・コレッジ出身者ならば決してとらない行動の不自然さがポワロの注意をひき、謎の一つの解明に繋がるのである。この作品にはポワロの親友のヘイスティングズは直接登場しないが、クリスティの「ポワロもの」には、パブリック・スクール出身者のヘイスティングズと、事件解明のためならば手段を選ばないポワロとのコントラストが喜劇的な要素を添えている作品が多い。

例えば『エンド・ハウスの怪事件』(一九三二年)では他人宛てのラブレターを平然と読み始めるポワロに向かってヘイスティングズは「そんなことをしてはだめだよ。フェアプレイじゃないよ not playing the game」と声を上げるが、ポワロは「私はプレイなぞしていない。殺人者を追っているんだ」と答える。この場合の the game とはいわゆる「スポーツ」のことであり、フェア・プレイはパブリック・スクール出身者の美徳の一つとして知られている。

このように紳士的なつつましさ、フェア・プレイ、そして育ちの良さは伝統的にパブリック・スクール出身者の特徴とされ、イギリスの小説、演劇、映画、ドラマなどに多く描かれている。一方で、このように理想化された表象とはいささか違う描かれ方もある。カーロ・フレイザーという女性作家は法曹界を舞台にした一連の小説を書いているが、その中で様々なパブリック・スクール出身の弁護士について次のように記述している。

セーラは椅子の背にもたれかかって、デイヴィッドを見上げた。彼は三十代前半の、ずんぐりした男で、まあまあ魅力的だったが、あまりにも典型的なパブリック・スクール卒業生なのが気に入らなかった。デイヴィッドはイートン・コレッジ出身であり、イートン卒業生特有の、能力、傲慢、そして完璧なマナーという組合せは、法廷弁護士にとっては間違いなく有利な要素だった。彼らは高等法院の裁判官、そしてアッパー・ミドル・クラスの母親たちに間違いなく気に入られるタイプだった。なんだかんだ言っても、法曹界ではまだまだ階級制度は健在だし、優秀な弁護士や裁判官がパブリック・スクールとオックスフォードかケンブリッジ大学卒業生である限り、変わらないだろうとセーラは思った。同族で群れる人間である彼らは、同じ種類の人間といる時が最も楽なのだ。かなり離れていても、誰がどのパブリック・スクール出身だかすぐわかるとセーラは思った。イートン卒業者はどこにいても、自分がその所有者であるかのようにふるまい（そして実際にそうであることが多かったのだが）、ウィンチェスター出身者は頭が良すぎるし、顔がひきつる傾向があった。シュロウズベリー出身者は左翼的な思想を持つ、敗北した反逆者であり、自分の意思に反して、権威的な職に就いている。そしてチャーターハウス出身者は所属していた寮によって、スノッブか、大学研究者か、詩人か、同性愛者となっていた。

（カーロ・フレイザー『完璧な強迫観念』二〇〇二年）

かなり乱暴なステレオタイプではあるが、このフレイザーの文章からは、パブリック・スクールの出身者に特定のイメージが結びついていることがわかる。それも、作家になる前は弁護士だったというフレイザーならではの視点だろうが、イートン、ウィンチェスター、シュロウズベリー……と、パブリック・スクールごとにそれぞれの特色が感じられるのだという。そしてもう一つ重要なのは、「法曹界ではまだまだ階級制度が健在である」とあるが、パブリック・スクールはこのイギリスの階級制度と強いつながりをもっていたことである。現在でもイギリスで活躍している法廷弁護士と裁判官の六十パーセントはパブリック・スクールの出身者だということも、それを表わしているだろう（なお、ある時期まで、オックスフォード、ケンブリッジの学生はほぼパブリック・スクールの卒業生に限られていた）。

イギリスにおける階級観は、「ヒエラルキー制」、「三層制」、「二極制」が混在しており、簡単に定義することはきわめて難しいのだが、イギリスの文化における各階級のイメージをあえて単純化してまとめると、次のようになる(なお、あくまでも「イギリス文化の中での階級観」であるところから、階級の呼び名にはあえて日本語訳を使わずに、片仮名表記を使った)。

「アッパー・クラス」とは、伝統的に土地の収益によって暮らすことのできる貴族や地主階級を指す。「アッパー・ミドル・クラス」は聖職者、法律家、軍の士官、裕福な商人などの知的職業に就いているか、いわゆる「商売」で財を成した者を指す。「アッパー・ミドル・クラス」は、長子相続制度のために家や財産を相続することができず、職に就くことを余儀なくされたアッパー・クラスの「長男ではない息子」を含むため、アッパー・クラスと同じく「紳士 gentleman」であると見なされる。これらの階級の占める割合は、イギリス全体のごくわずかでしかない。パブリック・スクールは、これらの紳士のための教育機関として発展してきたのである。

一方、「ロウワー・ミドル・クラス」は、小規模の商人、職人、教育を受けて事務職に就くことができるようになったワーキング・クラスを指す。つまり、「アッパー・ミドル・クラス」と「ロウワー・ミドル・クラス」は同じく「ミドル・クラス」と呼ばれていても、実は全く違う階級であることがわかる。本書で見るように、パブリック・スクールは「アッパー・クラス」や「アッパー・ミドル・クラス」のための教育機関であったにもかかわらず、「ロウワー・ミドル・クラス」や「ワーキング・クラス」の人々にも大きな影響を与えてきた。イギリスの作家レズリー・スティーヴンズ(一八三二〜一九〇四)はパブリック・スクールについてこう書いている。

イギリスの陪審員制度、貴族院、イギリス国教会、いや、イギリスの王室さえも、わが国のパブリック・スクールほど、わが国民の胸に深く根を下ろしている存在はないだろう。
(イザベル・クイグリー『トム・ブラウンの後継者たち――イギリスの学校物語』二〇〇九年、一九ページに引用)

レズリー・スティーヴンズがこれを書いたのは一八七六年だが、イギリス文化における「パブリック・スクール」という存在、あるいはそのイメージ(良くも悪くも)の大きさは今でもあまり変わらないようだ。しかも、実は国民の中でじっさいにパブリック・スクールに在学したことのある人間の割合がひじょうに少ないことを考えるとこれは驚くべきことである。もちろん、十九世紀から二十世紀にかけて、国や地域の指導者、そして法律家や聖職者など、影響力のある人々の大部分がパブリック・スクール出身だったことがその理由の一つかもしれない。

また、十九世紀半ば以降絶大な人気を集めた「学校物語」の役割も大きかっただろう。

本書では、パブリック・スクールのイメージが、イギリス文化においていかに大きな位置を占めているかを、小説、演劇、映画などを通してみるとともに、その実態と歴史的背景をも併せて紹介していきたい。

目　次

第1章

パブリック・スクールの成り立ち

最古のパブリック・スクール，キングズ・スクール

曖昧な定義

そもそもパブリック・スクールとは何か。アメリカ人に「パブリック・スクール」と言うと、当然のように「公立学校」だと思うだろう。しかしイギリスではパブリック・スクールは私立学校である。しかも、すべての私立学校をそう呼ぶわけではない。

トレヴァー・メイの『ヴィクトリア朝のパブリック・スクール』(二〇〇九年)という本によると、「便宜上、パブリック・スクールは、その校長が一八六九年に作られた「学校長協会Headmasters' Conference」のメンバーである学校として定義されることが多い」ということだ。ただしこれは、この時期にパブリック・スクールの校長をメンバーとする協会ができたということだけで、いわば結果としての定義である。

パブリック・スクールという名称は、正式な名称でもない。私立学校の正式名称はイギリスではインデペンデント・スクールである。パブリック(公の)・スクールが実はエリート私立校だというのは、いかにもへそ曲がりなイギリスらしいという冗談を言うアメリカ人もいるが、あえて反対の意味の言葉を用いて混乱を招くための呼称でないのは勿論である。ただ確かに、それが何であるかは誰でも知っているし、多くの人が例をいくつか挙げることができるのに、定義も語源も曖昧であるというのは、いかにもイギリスらしいかもしれない。

最古のパブリック・スクール

パブリック・スクールが、私立のエリート校であるというイメージが確立したのはヴィクトリア朝(一八三七〜一九〇一)においてであったが、なぜそれがパブリック・スクールと言われることになったのかを探るには、もっと前に遡る必要がある。

イギリスで最も古いパブリック・スクールとして知られているのは、イギリスの南東部、ケント州のカンタベリーという町にあるキングズ・スクールである。この学校は五九七年頃に開校したとされている。今は男女共学で、寄宿生だけでなくて、通学生も受け入れているが、開校したときは、当時の学校がすべてそうであるように男子校だった。

イギリスにキリスト教が伝わり、教会や聖堂、僧院などが作られたときに、多くの場合学校も併設された。教会や聖堂によって開かれた学校には二種類あった。一つはソング・スクールと呼ばれるもので、教会の聖歌隊員に歌と音楽を教える役割を果たした。もう一つはグラマー

（grammar 文法）・スクールと呼ばれるもので、教会の礼拝がラテン語で行なわれていたため、ラテン語の教育をするのが役割であった。後者がパブリック・スクールの源流となるが、ソング・スクールとグラマー・スクールの両方の役割を果たす学校も多かった。

カンタベリーは、五九七年に聖アウグスチヌスが最初にカトリック教会を建てた場所であり、教会に付随する学校もその時開かれたと想定される。キングズ・スクールの創立が五九七年頃と思われているのもそのためである。

教会付き学校

こういった初期の教会付きの学校はいわば、キリスト教徒をリクルートする目的のために建てられていた。経済的余裕のない、地元に住む聡明な少年に目をつけ、無償で音楽やラテン語の教育を与えたが、それは「慈善」のためでなく、彼らをキリスト教に改宗するためだったのである。「貧しい者にも教育を」といった啓蒙思想はこの頃はまだ存在しなかったが、優秀な者には聖職者になる道も開けていた。当時の聖職者は政治的にも大きな力があり、このような教育を受けることは彼らにとっては出世の道であり、教会にとっても有益なことだった。

こうした学校の教師は「世俗聖職者」と呼ばれる人々だった。彼らは聖職者同様、貞操を保ち、神に従う誓いをたてているが、世を捨てて僧院にひきこもるのではなく、世に出てキリスト教の教えを広めることを選んだ人々である。

また、例えば現在でもパブリック・スクールと言えば、イートン・コレッジと並んで必ず例として挙げられるウィンチェスター・コレッジは、一三八二年に、政治家でウィンチェスター主教だったウィカムのウィリアム（一三二〇?〜一四〇四）によって創立された。ウィンチェスター・コレッジの卒業生がウィカミスト（Wykehamist）と呼ばれるのはそのためである。彼は国の政治を司る聖職者に良質の教育を与える目的で、この学校を創立したのだった。

このような初期の学校の規律について、D・L・エドワーズは著書『カンタベリーのキングズ・スクールの歴史』に次のように書いている。

イードマー〔カンタベリーのエアドメルス〕という僧は、一〇五六年頃に生まれ、まだ少年の頃にカンタベリー大聖堂にやってきたが、大聖堂付きの学校の規律がいかに厳しかったかを示す逸話を残している。イードマーによると、学校の生徒は全員、クリスマスの五日前に鞭で打たれるのが習慣だった。この鞭打ちは降臨節〔クリスマス前の四週間〕の苦行として行なわれていたようである。

（D・L・エドワーズ『カンタベリーのキングズ・スクールの歴史』一九五七年）

後に述べるように、鞭打ちはパブリック・スクールの悪名高い伝統の一つとして十九世紀には定着しているが、これはキリスト教的習慣として、学校の歴史の初期にまでさかのぼるのである。

立身出世のための学校

中世においてキリスト教の力と重要性が増すにつれて、教会付きのグラマー・スクールもその数が増えていき、そこで学ぶ生徒の社会的階層も変わっていった。この時代、アッパー・クラスの子弟は自分の家で、あるいは「修業」のために他のアッパー・クラスの家に住み込んで、教育を受けていた。しかし、新しくその力が増してきた商人、そして農民や職人などの、いわばミドル・クラスの子弟で、聖職や事務職等への「出世」を目指す者が、グラマー・スクールでラテン語を学ぶことを望むようになったのである。こうして教会付きの学校は、キリスト教信者や聖職者のリクルートという本来の目的から、家庭で教育を受けることのできない階級に属する優秀な少年に、社会的昇格の機会を与えるという慈善の目的へと変わっていった。

しかし、十六世紀の初め、当時の国王ヘンリー八世（一四九一〜一五四七）は、ローマ・カトリック教会からイギリス国教会を分離させる。彼は自らを英国国教会の長として僧院や大聖堂の解体を行なった。僧院や大聖堂の建物は没収され、それまでのカトリック教会の力は失われることになる。そして、慈善的教育の役割は、国王、そして裕福な私人や会社によって引き継がれていく。最古のパブリック・スクールとして紹介したキングズ・スクールも、現在のような名称になったのは一五四一年のことで、「キング」はヘンリー八世を指す。ヘンリー八世がこの学校を、正式に王の法令のもと、学校として認めたのであった。

十六世紀には、イングランドでこの他に六百あまりの学校が創立されたり、新たにグラマー・スクールとして認可されたため、「グラマー・スクール創立の黄金時代」と呼ばれる。裕福な商人や私人にとって、グラマー・スクールを創立することは、慈善事業であり、自分の子供や親戚を教育する機会であり、さらに歴史に名前を残す手段でもあった。彼らは多くの寄付金を集め、その公正な運営のために、正式な規則を定めた。現在でも名高いパブリック・スクールの多くはこの時期に創立され、このような運営によって、成功したものである。

ウェストミンスター・スクールは、ウェストミンスター寺院の僧侶たちによって一一七九年に開かれた教会付きの学校だが、キングズ・スクールと同様に、一五六〇年に、ヘンリー八世の娘であるエリザベス一世(一五三三〜一六〇三)によって、学校として認可された。

一五六一年には、マーチャント・テイラーズ社によって、マーチャント・テイラーズ・スクールがロンドンに創立された。この学校はパブリック・スクールにはめずらしく寄宿制度をとらず、通学生のみを受け入れている。この学校を創立したマーチャント・テイラーズ社は、もともとはロンドンの仕立て屋のギルドだったが、十七世紀の終わり頃までには仕立て屋との関連はその名前だけ(テイラー)になり、主に慈善事業に携わるようになって、今に至っている。

また、一五六七年にはローレンス・シェリフ(一五一〇?〜六七)という食料品業者がラグビー・スクールを創立した。ラグビー発祥の場としても有名な名門である。さらに、一五七二年にはハロウ・スクールがジョン・ライオン(一五一一?〜九二)という裕福な農場主によって作られた。

これらの学校はいずれも、事業に成功して富を得たミドル・クラスの人々が、自分のように成功する機会を貧しい少年に与えるために開かれたものである。現在のパブリック・スクールは学費が高く、奨学生を除けば、裕福な家庭の子弟しか入れないうえに、明らかにアッパー・クラスあるいはアッパー・ミドル・クラスの子弟の教育機関であることを考えると、これは驚くべきことに思えるかもしれない。

教育の有償化

しかし、最初はこのように無償で優秀な生徒を教育していたこれらの学校も、次第に学費を払う生徒にも門戸を開かないと、経営が成り立たなくなってくる。例えばパブリック・スクールの中でも常にトップの地位を占めてきたイートン・コレッジ（イギリスでは大学だけではなく、私立の中高等教育施設にも「スクール」だけでなく「コレッジ college」という呼び名が使われることが多い）は一四四〇年に、ヘンリー六世（一四二一〜七一）によって創立された。ヘンリー六世はこの学校を「すべてのグラマー・スクールに勝る学校にする」という意気込みをもって創立した。奨学生になるには、父の収入の上限が定められていたが、その額は当時としてはそう低いものでなく、経済的に余裕のあるミドル・クラスの家庭の息子の入学も可能だった。裕福なアッパー・クラスの子弟には奨学生になる資格は与えられなかったが、学校の規則によって、学費を払えば、二十人までは入学を許された。

しかし早くも十六世紀には数が逆転し、学費を払う学生のほうが、奨学生よりも多くなっていた。そして、学費を払う学生はオピダン（Oppidan）と呼ばれ、コレッジャー（Colleger）と呼ばれる奨学生と区別された。オピダンとはラテン語で「町に住む者」という意味で、イートン・

コレッジの中で生活するコレッジャーと違って、学校の外の町の寮や下宿に寝泊まりして、そこからコレッジに通っていた。この名称は現代でも使われているが、今では学外にオピダン専用の寮が二十以上あり、コレッジャーではない学生はいずれかの寮に入ることになっている（コレッジャーは今でも「コレッジ」と呼ばれる学内の寮に暮らしている）。

イートン以外のグラマー・スクールでも、このように学費を払う学生の数が増えていった。十八世紀の終わりまでには、グラマー・スクールでは学費を払う生徒のほうが主流となり、学費によって学校の経営が成り立つようになっていたのである。こうして生徒の層が変わると、「貧しい家庭の子供に教育の機会を与える」という、グラマー・スクールの慈善的な目的も変わっていったのは言うまでもない。

福祉施設としてのグラマー・スクール

実はグラマー・スクールの中には、「子供の教育」という慈善だけでなく、職のない老人や病人に対する慈善事業も併せて行なっていたところもあった。現にイートンも、最初の計画では、二十五人の貧しい奨学生のほかに、同数の「貧しくて、健康でない男性」を収容する予定だった。しかしヘンリー六世が途中で計画を変えて、成人の男性の収容はやめて、代わりに七十人の奨学生を入れることとなった。
実際に「貧しい男性」のための施設も作った有名な学校として、チャーターハウス・スクールがある。この学校は一六一一年に、イートン出身のサー・トマス・サットン（一五三二～一六一一）という裕福な商人が建てたものであり、ここにはスコラー（Scholar）と呼ばれる奨学生と、ペンショナー（Pensioner）と呼ばれる「貧しい病人」が暮らしていた。一八一六年に出版された本の中で、リチャード・アッカーマンはチャーターハウスについて、次のように書いている。

この学校の生徒は最近四十人から四十二人に数が増やされた。彼らは理事に指名され、彼らの食事、衣服、古典〔ギリシャ語、ラテン語〕、作文、そして算数の教育の費用はすべて学校がもつ。これらのスコラーたちは十歳から十四歳の年齢で入学を許される。決められた条件を果たしたものには、オックスフォード大学かケンブリッジ大学への奨学金が与えられる。金額は最初の四年間は年に八十ポンドであり、その後の四年間大学にとどまる場合は、その額は百ポンドに増やされる。この学校はこれらの奨学生以外の学生も多数受け入れるが、彼らはウィンチェスター、イートン、ウェストミンスターと同様、教師の家かその他の家庭に下宿することになる。（※〔　〕内は引用者注。以下同じ）

（リチャード・アッカーマン『ウィンチェスター、イートン、ウェストミンスターの各コレッジ、およびチャーターハウス、セント・ポールズ、マーチャント・テイラーズ、ハロウ、ラグビーの各スクール、そしてクライスツ・ホスピタルのフリー・スクールの歴史』一八一六年）

続いて、ペンショナーについての説明が書かれている。

ペンショナーの数は八十人である。かなり初期の規則によると、ここに入るのを許される者は限られており、行ないが良く、信心深いことが証明できる人物で、年老いたり怪我をした国王の陸軍や海軍の元指揮官、怪我をして働けなくなった兵卒、あるいは難破や火事などの事故で職を失った商船員、そしてトルコ軍の捕虜になるなどの不幸を経験した者だけだった。しかしこの規則は後にずっと緩やかになり、一般に「貧しい人、老いた人、身体障害者、助けを必要とする人、体力のない人」が入れるようになった。ペンショナーには全員に個室が割り当てられ、きちんとした世話を受け、肉体的および精神的な治療とふんだんな食料、年間二十ポンドの手当が与えられる。人生の最後を静かに、そして安楽に暮らすことを可能とする立派な施設であり、世俗的な苦悩と雑事から離れて、やすらかな墓場へ行くまでの静かな落ち着きの場を提供してくれるのである。

学生と老人の共同生活

学校といわば老人ホームが同じ経営のもと、同じ敷地にあるということも現代の感覚では奇異に感じられるかもしれないが、いずれの施設も「慈善」の精神のもとに建てられたことを考えると、納得がいくのである。一八六八年のパブリック・スクール法によって、学校と老人用施設の経営が切り離されるまでは、チャーターハウスや、これと同様の施設をもった学校では、いわば人生のスタートにいる貧しい少年と、人生のゴールに近づきつつある貧しい老人が、同じ敷地で暮らしていたのである。

J・G・コットン・ミンチンは、施設が分離された後の一九〇〇年のチャーターハウスの状況を、昔と比較しながら次のように書いている。

以前はペンショナーが八十人いた。現在(一九〇〇年の創立記念日)は農業の不況のせいで、五十五人しかいない。門限の鐘は、生きているコッズ(Codds チャーターハウスのペンショナーの愛称）の数だけ鳴らされる。昔はガウン生（つまり、奨学生）が勉強や遊びの最中に、鳴らされる鐘の数を数え、鐘が七十九しかならないと、「コッドが一人亡くなった」と声を上げたものだ。現在ではガウン生はチャーターハウスに暮らしていないが、コッズは今でもいるし、門限の鐘は今でも鳴らされるのだ。

（J・G・コットン・ミンチン『わが国のパブリック・スクール――イギリスの歴史におけるその影響』一九〇一年）

作家のウィリアム・メイクピース・サッカリー（一八一一〜六三）はチャーターハウスで教育を受けた。在学中はあまり幸せではなかったようだが、卒業後にこの学校を思い起こす際には、それほど不幸な思い出を語っていない。例えば一八五五年に出版された小説『ニューカム家の人々』では、「グレイ・フレイアーズ」という名前でチャーターハウスが登場するが、そこは、先に引用したアッカーマンの描写のように、やすらぎの場所として描かれているのである。

しかし十八世紀の終わりには、グラマー・スクールの生徒の大部分は学費を納めており、慈善的な要素がほとんどなくなっていたのは、前にも述べたとおりである。例外として残ったものとして、チャーターハウスのほかに、一五五二年にヘンリー八世の息子のエドワード六世

（一五三七～五三）によって創立された、クライスツ・ホスピタルがある。この施設は現在でも「慈善的寄宿学校」と自らを銘打ち、学費を無料、あるいは低額に抑えている。

アッパー・クラスの教育の変化

学校の性質がこのように変わったことのもう一つの理由として、アッパー・クラスやアッパー・ミドル・クラスにおいて、教育に対する考え方が変わってきたことが挙げられる。医学の進歩とともに、子供の死亡率が減少し、一つの家族の子供の数が増えるにつれて、子供を全員家で教育することが困難になってきていた。またかつては、アッパー・クラスや裕福なアッパー・ミドル・クラスの家では、息子に家庭教師や従僕をつけ、フランスやイタリアなどのヨーロッパの国に旅に出し、そこで本場の美術、音楽、文学などに触れて教養をつけさせる、「グランド・ツアー」と呼ばれる教育の習慣があったが、十九世紀になると、フランスとの戦争やヨーロッパにおける政治状況などによって、それも難しくなっていった。

その結果アッパー・クラスでも、特に手がかかり、おとなしく家庭で教育を受けようとしないような息子を、学校に入れるという習慣が広まっていったのである。そのため、十八世紀の終わりから十九世紀にかけては、同じ家の息子でも、その気質や体力によって、教育の仕方が違っていた。厳しい規律、共同生活、体罰などに耐えられそうもないような繊細な子供はそれまでどおり家庭教師をつけて教育したり、あるいは私塾のようなところに住み込みで教育を受けさせたが、強靭な精神や身体を持ち合わせている子供、あるいはより厳しい規律を必要とするようないわば「不良息子」はグラマー・スクールに入れられたのである。

「パブリック」の意味

そしてこの頃には、学費を払うアッパー・クラスの子弟を多く受け入れ、名が知られるようになったグラマー・スクールを、同じく学費を払う、個人の私塾と区別するために「パブリック・スクール」と呼ぶようになった。例えばジェイン・オースティン(一七七五〜一八一七)の小説『分別と多感』(一八一一年)にも、「パブリック・スクール」と「私塾」についての言及がある。主人公のエリナーが恋をする相手であるエドワード・フェラーズは、プラット氏という個人の私塾で教育を受けているが、エドワードの弟のロバートは、パブリック・スクールのウェストミンスター・スクールで教育を受けている。オースティンが作品で描くのは、彼女自身が属していた階級、今で言うアッパー・ミドル・クラスの人々であり、このフェラーズ兄弟のいずれもがこの階級に属する「紳士」である。ただし、エドワードがいささか不器用で口下手でありながらも誠実で立派な人物なのに対して、弟のロバートは全く性格が違うのである。

彼は馴れ馴れしく話しかけ、エリナーに向かって頭を下げたが、その身振りははっきりと、彼がまぎれもない軽薄な伊達男であることを物語っていた。ルーシーが言っていたとおりだった。〔中略〕エリナーはこの二人の若者の違いに驚きを感じつつも、一人が中身がなく、うぬぼれているからと言って、もう一人の謙虚さと美徳にも嫌気がさすようなことはまったくなかった。「本当に僕たちは全然違うんですよ」とロバート自身が、十五分ほど話をするなかで声を上げた。兄のことが話題になり、あまりにも不器用なので、まともな社交もできないのだと嘆いたあと、ロバートは、その原因として、生まれつきの性格というよりは、プライベートな教育を受けたせいだろうと、寛容で度量のある見解を示した。一方で自分は、特に生まれつき優れているわけではないのだろうが、パブリック・スクールに行ったことが幸いして、社交界の一員として誰にもひけをとることはない、とのことだった。

「まったくもって、それ以上のことはないですよ」と彼は言葉を加えた。「僕はよく母が嘆くたびにそう言ってやるんですよ。「ご心配は無用ですよ」っていつも言ってやります。

「もう取り返しがつきませんからね。しかも全部ご自分の責任なんですから。いったいなんでサー・ロバートおじ様の言うことなんかを聞いて、エドワードを、人生の一番大事なときに私塾なんかに行かせたんですか？　プラットさんのところなんかにやらずに、僕のようにウェストミンスターに行かせてさえいたら、こんなことにはならなかったのに」僕はいつもこう思っていますし、母も自分の間違いに気づいていますよ」

エリナーもこの点には異論はなかった。というのも、パブリック・スクールというものについて彼女が普段はどう思っていようとも、エドワードがプラット氏の私塾に住み込んでいたことについては残念だとしか思えなかったのである。

（ジェイン・オースティン『分別と多感』一八一一年）

エリナーが、プラット氏の私塾を否定的に見ているのにはわけがある。エドワードはエリナーと出会う前、プラット氏のところに在籍中に、プラット氏の姪であるルーシー・スティールと、若気の至りで婚約してしまったからである。ルーシーは若くて可愛らしいが、軽薄で中身がなく、エドワードはすぐにこの婚約を悔やみ始める。しかも、この後エリナーに出会い、恋に落ちてしまってからはなおさらなのだが、紳士としては、自分からルーシーとの婚約を破棄するわけにはいかない。この事情を知っているエリナーは、エドワードが私塾に行ってさえいなければという、弟の嘆きに、別の理由から大いに共感を覚えるのである。

しかし、いずれにしてもこの時代では紳士の教育として私塾(private education)とパブリック・スクール(public education)のどちらが良いかということが論争の的になっていたことはわかる。前述のように、パブリック・スクールの「パブリック」とは、個人の家での教育(プライベート)との対比で使われた言葉なのだが、グラマー・スクールが、理事会の定める規定によって運営されていたという点で、「公の」学校なのだという意味合いもあった。

パブリック・スクールの悪名

この引用からは、オースティン自身はパブリック・スクールをあまり良く思っていないようにも見受けられる。彼女の父親は牧師だったが、プラット氏と同様に一種の私塾をも開いていたことが影響しているのかもしれない。一時は住み込みの学生がいたようである。

また、パブリック・スクールの中でも特に「ウェストミンスター・スクール」という設定にしているのは、オースティンの愛読した詩人のウィリアム・クーパー(一七三一～一八〇〇)が、「学校についての見解」(一七八四年)という詩の中で、自らがウェストミンスター出身でありながら、パブリック・スクールの教育を強く非難していることにも関係があるかもしれない。この詩についてクーパーは、友人の牧師ウィリアム・アンウィン宛ての手紙で、次のように書き送っている。

「学校についての見解」は私の友人の何人かを怒らせるだろうし、たくさんの敵を作ることになるだろう。詩には、散文にない、そして持ち得ない棘がある。そして学校というもの、特にパブリック・スクールがこのようにはっきりと非難されたことは、私の知る限りではなかったことだ。しかしパブリック・スクールは今や有害なものであり、厄介なものであり、忌まわしいものとなっている。そしてもし可能ならば、人々の目と鼻がこのことに気づかされるべきだ。これは有意義な題材であり、七百から八百行以上を必要とするものだ。教育は学校でなされるべきか、それとも自宅でなされるべきかという問題を扱うものであり、私は後者を推す。

(ウィリアム・クーパー『ウィリアム・クーパー書簡・散文集』第二巻、一九八一年)

ウェストミンスター・スクールはそれ以前にも槍玉にあがっていた。チェスタフィールド伯爵（一六九四〜一七七三）は有名な『息子への手紙』（一七三七〜六八）の中で、ウェストミンスターについて、「嘆かわしい行ないと野蛮な行動の温床であることは間違いない」と書いている。この頃にはすでにウェストミンスター・スクールは、生徒どうしの「いじめ」で悪名高かったのである。

暴動と体罰

もちろん、いじめや乱暴な振る舞いが問題になっていたのはウェストミンスター・スクールだけではなかった。これらのパブリック・スクールでは、授業時間以外では生徒は基本的には放っておかれており、教員と生徒の関係は決してよいものではなかった。生徒の怠惰や不行跡に対しては暴力的な罰が与えられ、教師が生徒と「不適切な」関係をもつこともあった。寮の食事や寝室、学習室などの環境も決してよいものとは言えなかった。

そのため、生徒が教員に対して暴動を起こすこともしばしばだった。例えば一七九三年には、ウィンチェスターで起こった暴動を鎮めるために、義勇軍が呼び出されたほどである。一八一八年にも同じことが起こった。オースティンは、友人のマーサ・ロイドに宛てた一八一二年十一月二十九日付の手紙の中で、甥っこ二人がウィンチェスターに入学したことを書いている。

一八一八年の暴動の時にはオースティンはすでに世を去っていたが、甥二人はまだ在籍していただろうと考えられる。

このような雰囲気の中では教員は護身のためにも、さらに厳しい、暴力的な態度をとらざるをえなかった。パブリック・スクールにおける体罰がキリスト教の教えに基づくものであることは先に少し触れたが、この頃の体罰は宗教的な修行というよりも、完全に、手に負えない生き物に対するしつけであった。

例えばイートン・コレッジでは、一八〇九年から三四年まで校長を務めたジョン・キート（一七七三〜一八五二、詩人のジョン・キーツとは別人）は、鞭打ち（flogging）が好きなことで有名だった。彼の鞭打ちは伝説になっていて、どれが事実かどれが大袈裟な作り話か、判別が難しいほどだった。ジョナサン・ゲイソーン＝ハーディは次のような逸話を紹介している。

一八一〇年の五月から六月にかけて、五年生の生徒たちが、礼拝にぎりぎりに来る癖をつけ始めた。キートは休日の午後にいつもよりも一回多く、午後五時にも出席をとることにした。誰も現われなかった。キートは生徒百人全員を打つことにした。キートはそれを公の場で行なった。見たい者は見に来てもよかったし、これから打たれる者も、他の生徒が打たれているのを見ていなければならなかった。まもなく、友達が打たれている姿を見た怒りか興奮からか、見物している生徒たちは足を踏みならして叫び始めた。それからキートに向かって卵を投げ始めた。卵を避け、割れた卵に足を滑らせながら打ち続けることは滑稽なだけでなく、不可能になってきた。結局他の教員を呼びにやり、残りの八十人ばかりの生徒を自分が打っている間に、その教員に鞭を持って見張りをさせたのである。

（ジョナサン・ゲイソーン＝ハーディ『パブリック・スクールという現象』一九七七年）

キートが本当に鞭打ちが「好き」であったかどうかはさておき、その厳しい体罰制度は功を奏し、無政府状態にあった学校には規律が戻り、教師の権威も回復した。

しかも、当時の在校生の手記や回想録を見る限り、キートは決してたんなるサディストではなく、根は優しくて生徒の人望もあったという。生徒の方も、教師との戦いは一種の乱暴なゲームであり、ゲームに負ければ罰せられるのも当然と受け止めていた感もあるとゲイソーン＝ハーディは指摘している。そしてこのゲームにはそれなりのルールもあったという。ある日生徒たちがキートに向かって本を投げつけたのだが、そのうちの一人が石を投げた。キートは「君たち、私は石を投げられるようなことはしていないだろう」と抗議し、生徒たちは同意してキートに喝采を送ったという逸話をゲイソーン＝ハーディは紹介しているが、これはいささか美化されすぎているような気もする。

厳しい環境の意義

しかしこうして見ると、「プライベートな教育か、パブリックな教育か」という論争で重要なのは、与えられる知識の質や量ではなく、「しつけと人格形成」であることがわかる。私塾で個人のきめ細やかな指導を受けておっとりと育つか、パブリック・スクールに入って、同年代の少年たちに揉まれて鍛えられるか、どちらを選ぶかということだ。後の章で触れるように、イギリスのアッパー・クラスは、ヨーロッパ大陸の人々に比べて知識と教養を重んじないことで知られているが、このような教育観にもそれは表われているのである。

また、作家イザベル・クイグリーはその著書『トム・ブラウンの後継者たち――イギリスの学校物語』（二〇〇九年）の中で、中世のイギリスではアッパー・クラスが息子を幼いうちからよその家に預けて苦労させて人格形成を促し、さらに後に役立つネットワークを作らせていたことに言及している。このような習慣があったからこそ、後にアッパー・クラスが息子をパブリック・スクールのような厳しい場所に預けることにも抵抗がなかったのだろう。

パブリック・スクールにおける暴動は十九世紀初頭には次第に収まっていった。キートのような厳しい教師による体罰のほかに、その理由として、フランス革命の影響を挙げる評者もいる。例えばゲイソーン＝ハーディは、学校における暴動はフランス革命によって誘発され、生徒は教師に対して自分達の人権を主張して反抗したが、革命が収まった後は、イギリスの学校での暴動も収まった、という説を書いている。

危険な「遊び」

しかし生徒の暴力は教師に向けられるものだけではなかった。先に「いじめ」について述べたが、「いじめ」とも見なされない「無邪気な遊び」、あるいは「新入生や下級生に対するしつけ」と見なされていた行為の中には、ひじょうに野蛮で危険なものも多く、けが人や死者が出ることもめずらしくはなかった。その中でも特に悪名高いのは「毛布での胴上げ」と呼ばれる「遊び」である。数人が毛布の端を持ち、真ん中に一人乗せられる。かけ声とともに毛布の真ん中の人物は胴上げされるが、天井近くまで上げられ、着地に失敗して床に落ちたり、壁や階段に頭をぶつける者も多かった。

この習慣は、例えばイートンでは一八三二年に禁止されるまで続けられた。チャールズ・アリックス・ウィルキンソンの『イートンの思い出――キートのいた時代』には、この「遊び」のことが書いてある。

「奴が天井にぶつかったのを見たんだ」と、自分の番を待っていた同級生（いまだ健在）は書いている。「天井をさわったのはあいつが初めてだったよ。腕を組んで遊びを楽しんでいたんだ。次の瞬間に頭から落ちたんだ」この記述はさらに続く。「まるで小さな斧でやられたように、完全に頭の皮が剝ぎ取られていた。頭の皮がはがれて、ぺろんと首の後ろにぶらさがっていたんだ。医者がすぐに呼ばれた。頭蓋骨にひびは入っていないし、脳震盪も起こしていなかった。頭の皮を縫い戻した痛みと、傷の痛み以外は、奴はまったく平気だったし、その後の人生にも支障はなかったんだ」

本当に奇跡的なことだった。運よく彼の頭蓋骨はつぶれたりしなかった。もし頭から直接落ちていたらそうなっていただろう。でもどうやら彼は斜めに落ちてベッドの鉄製の枠をかすめたらしい。そこで頭を打って、その衝撃で頭の皮が耳から耳まで裂けて剝がれたのだった。

（チャールズ・アリックス・ウィルキンソン『イートンの思い出――キートのいた時代』

一八八八年）

まぎれもない事実としておおまじめで語られているが、これが本当にそのとおりであったとは考えにくい。しかし興味深いのは、筆者もその同級生も、あるいは当事者も、これを遊びと割り切っており、命拾いしたことも武勇談として語られていることである。しかしその一方で、特に上級生から下級生に対する深刻で陰湿な「いじめ」が存在していたことも事実である。このようないじめの対応策として、下級生が上級生について、その身の回りの世話をしたり、使い走りをする代わりに、上級生の庇護下におかれるという、ファギング（fagging）の制度が発達していったが、この詳細については次章で述べる。

犬のラテン語

このような雰囲気の中で、パブリック・スクールのアカデミックな面はいよいよないがしろにされていくようになる。西洋古典、つまりラテン語の教育が主流であることに変わりはなかったが、その教育内容および教育方法は昔からずっと変わらず、新しい要素をとりいれる試みはされなかった。

そもそも十六世紀初頭までは、グラマー・スクールで教えられるラテン語は、正式なラテン語ではなく、「犬のラテン語 Dog Latin」と呼ばれるものだった。これは文学的なラテン語ではなく、イギリスにおいてまだ公式な書類や契約書がラテン語で書かれていた時代に用いられた、いわば「実用的な」ラテン語であり、公務員になるために必要な種類のラテン語だった。つまり、パブリック・スクールの前身であるグラマー・スクールが、ホワイト・カラーの職を得ようとする貧しい少年を教育するための慈善的な施設であったときには、きわめて適切なものだった。

しかし、アッパー・クラスの子弟に知識と教養を与えるためのパブリック・スクールとなった今では、「実用的な」ラテン語の教育が不適切であることは明らかである。しかも十六世紀において、イギリスでは古典ラテン語が見直され、それが一般庶民の理解を超える高尚な言語と見なされたことから、公式文書にラテン語が使われることもなくなった。

それでいて、正式なラテン語と見なされない「犬のラテン語」がパブリック・スクールの主な授業科目であり続けたのは、学校創立時に規定された授業科目を変えることが、法律的に難しかったからなのである。この意味でもこれらの学校は「パブリック」であり、学校の教員や理事が、かってに規定を変えることは正式には違法であり、それが許されるのは一八四〇年からであった（ただし、これはあくまでも建て前であり、数学や論理学などの科目がいわば追加科目として教えられることはあった）。

しかし逆に言うと、このような状態が十九世紀の半ばまで放置されていたのも、アッパー・クラスの学生にとって、「教育を受けて出世する」必要がなかったからでもある。さらに、前にも述べたように、イギリスのアッパー・クラスが伝統的に、「知識と教養」を重要視しなかったことも一つの要因だと言える。

怪しげな寄宿学校

パブリック・スクールの大部分が寄宿制になったのは、グラマー・スクールが、学費を払うアッパー・クラスやミドル・クラスの学生を主に受け入れるようになり、「地元の優秀な少年を教育する」という本来の目的から、「全国から、学費を払える学生を受け入れる」制度に変わっていったためである。「パブリック・スクール」という名称は、人気のある優秀な学校、というニュアンスを含むようになり、新設の学校や無名の学校が、「パブリック・スクール」と名乗ることもあった。

一方で、学校が寄宿制であることは、家においておけないような厄介な子供や、何らかの事情で家庭においておきたくない子供を「学校にやる」という逃げ道を親や保護者に提供した（これは第四章でとりあげる、女性のための学校についても言えることだった）。そして、学校や教師の質など問わない、とにかく子供を長く預かる先を探している保護者のニーズに応えることだけが取り柄の、理事会も規則のないようないかがわしい寄宿学校も増えていった。きちんとした監査制度がなかった時代において、人を教える資格も問われず、少しの資金さえあれば誰でも学校を作ることができた様子が、例えば小説家チャールズ・ディケンズ（一八一二〜七〇）の作品にも見ることができる。

ディケンズの小説で学校を扱ったものと言えばまず一番有名なのは『ニコラス・ニクルビーの生涯と冒険』（一八三九年）だろう。ここに登場するヨークシャーの寄宿学校ドゥーザボーイズ・ホール（Dotheboys Hall : Do the boys は「少年たちを欺す」という意味になる）は、今でもイギリスでは悪質な寄宿学校の代名詞となっている。小説の序文で、ディケンズは次のように書いている。

人生において、他のどんな職業にも向いていないことが判明した人間は、何の審査もなく、資格ももたずに、どこでも学校を開くことができる。〔中略〕そして、このような状況から生まれる学校の教師が、愚者でペテン師であるのも無理はないと思われる中で、ヨークシャーの学校の教師は最も低い階層にいるということができるだろう。

ディケンズは子供の頃、ヨークシャーの学校の生徒が、患っている膿腫を友人にインクまみれのペンナイフで切開され化膿してしまったという話を聞いて以来、悪名高きヨークシャーの学校に興味をもっていたという。彼が実際にヨークシャーに赴き、取材した結果が、ドゥーザボーイズ・ホールなのである。

『ニコラス・ニクルビー』

この小説の主人公、ニコラス・ニクルビーは十九歳で父親を亡くす。彼はアッパー・ミドル・クラスの紳士で、しかるべき教育を受けているが、父親が投機で財産をすべて失い、母親と妹を養うためにも、すぐに職をみつけなければならない。ニコラスは、金の亡者で冷血な伯父に、ドゥーザボーイズ・ホールという学校が、生徒と教師を同時に募集する怪しげな新聞広告を見せられる。

教育関係――ワックフォード・スクィアズ氏の経営する学校、ドゥーザボーイズ・ホール。ヨークシャーのグレタ・ブリッジの近く、風光明媚なドゥーザボーイズ村にある。若者はここで寝泊まりし、制服、教科書、小遣いその他、すべて必要なものは与えられる。教育は古典と現代のすべての言語、数学、正字法、幾何学、天文学、三角法、地球儀の使い方、代数、フェンシング(希望者のみ)、作文、算数、防備、そして古典文学の他のあらゆる分野。学費は年間二十ギニー(一ギニーは一ポンド一シリング)。追加料金なし、休暇なし、食事は並ぶものなし。スクィアズは現在ロンドンに滞在していて、スノウ・ヒルのサラセンズ・ヘッド亭で一時から四時の間に面会可。注目! 優秀な助手を求む。報酬は年間五ポンド。修士号をもっていることが望ましい。

広告の前半だけを見ると、優秀なパブリック・スクールのようだが、「休暇なし」という文句がまず怪しげである(と言っても、当時の寄宿学校は、まともなところであっても、現在に比べて休暇はひじょうに短く、遠くに住んでいる生徒は、交通事情もあり、卒業まで家にほとんど帰らないこともあったようだ)。そして、生徒を募集する広告で教師をも募集し、しかも教える科目への言及がないのがまたいかがわしい。とは言え、世間知らずのニコラスは教師に応募することを決意し、学校の経営者であるスクィアズ氏との面会場所であるサラセンズ・ヘッド亭へ向かう。サラセンズ・ヘッド亭のスクィアズのもとには、ニコラスよりも先に、スノーリーという人物が、妻の連れ子である二人の少年を連れて現われていた。スノーリーは、ドゥーザボーイズ・ホールが「保護者が、うちのロンドンの代行者に学費を払い続ける限り、あるいは生徒たちが学校から逃げ出すまで」生徒を預かってくれること、生徒たちが休暇で家に帰ることがないこと、生徒が家に手紙を書くこともほとんどなく、クリスマスの時に「学校がとても楽しくて、家に帰りたくない」という手紙が送られるだけだということを聞いて、満足する。

「こいつらの母親と結婚したんですが、男の子を育てるのはお金がかかるでしょう。女房は自分の財産がちょっとあるんですが、（スクィアズさん、女ってものは馬鹿なものですから、）この二人にその金をすっかり使ってしまいかねないんですよ。そんなことになったら、この子たちのためにもならんですからな」というスノーリーに対して、スクィアズは「ああ、なるほど、それならばよくわかります」と納得してみせるのである。

そこに、ニコラスが伯父と一緒に現われる。伯父はドゥーザボーイズ・ホールがどういう学校なのか十分承知しているが、若くて世間知らずのニコラスに対して、「一週間もたたないうちに、ドゥーザボーイズ・ホールに学ぶ貴族の子弟を指導しているだろう」と、まるでこの学校がまともなパブリック・スクールであるかのように話す。一方スクィアズは、ニコラスのような教育を受けたアッパー・ミドルの青年が、自分の学校の教師になりたがっているのを不審がるが、伯父はニコラスの聞こえないところで事情を説明し、ニコラスはあっさりと採用されるのである。

悲惨なドゥーザボーイズ・ホール

しかし、ニコラスが学校に着いてみると、それがとんでもないところだということが判明する。スクィアズの家族は美味しいものを食べて、ぬくぬくと暮らしているのに対して、生徒たちの食事は最悪で、みんな栄養不良で痩せこけている。病死する生徒も珍しくないが、このような学校の生徒には、その死を悼んだり、学校の責任を問う保護者もいない。かえって、厄介払いができたと、喜ぶほどなのだ。

授業もきわめてお粗末で、スクィアズは英語の綴り方の授業で、窓(window)の綴りを、ヨークシャー訛りの発音のとおり winder と教えたりする。パブリック・スクールでも行なわれている体罰は、ここでも当然のように行なわれていた。特に、最初は生徒として連れて来られたが、今ではただ働きの使用人としてこき使われている、スマイクという若者に対するスクィアズの仕打ちは過酷である。ある日、逃げだそうとするのを見つかって連れ戻されたスマイクは、スクィアズに鞭で打たれる。それを見て激怒したニコラスはスクィアズに飛びかかり、鞭を奪って相手を打ち、荷物をまとめて学校を飛び出してしまうのである。

その後、ニコラスは、追いかけてきたスマイクを道連れに、様々な人々や事柄に遭遇する。スマイクの出生の秘密が明かされたりと、話はドラマチックに展開していき、舞台はドゥーザボーイズ・ホールから離れていく。しかしこの小説の中で、このヨークシャーの寄宿学校の描写はきわめて強い印象を読者に残すのである。ディケンズの序文によると、この学校が実は自分の学校をモデルにしているのではないかといって、クレームをつけてきた学校がいくつかあったそうだ。それに対して、ディケンズはこう答えている。

スクィアズ氏とその学校は現実にあるものを薄めて、弱く描いたものである。そのまま書いたのでは、とても信じてもらえないだろうと思って、あえて抑えて、和らげて書いたのだ。

ただし、この小説が出版されたときには、ヨークシャーのこのような学校の数はずっと減ったとディケンズは同じ序文に書いている。しかし、何らかの事情で、自分の家で子供を育てることができない、あるいはそれをしたくない、ミドル・クラスの親が子供を入れる場所として、パブリック・スクールを模した、安い学費の私立学校は存在し続けた。

寄宿学校いろいろ

例えば一八五〇年に出版されたディケンズの半自伝的小説『デイヴィッド・コパーフィールド』では、デイヴィッドは母親の再婚相手のマードストン氏によって、セイレム・ハウスという寄宿学校に入れられる。学校そのものはドゥーザボーイズ・ホールのような悲惨な場所ではなく、デイヴィッドはそこでトミー・トラドルズやジェイムズ・スティアフォースといった友人を作る。しかし、経営者のクリークル氏(マードストン氏の友人)は横暴で非情であり、教師としての資質も資格も疑わしいのは、スクィアズと同じである。

クリークル氏は最も恐くて厳しい先生だと聞いた。毎日右に左に打ってかかり、生徒たちの中に騎兵隊のように乗り込んで行って、手加減することなく打ちまくるとのことだった。本人には鞭打ち以外の才能はなく、(J・スティアフォースによると)この学校の最も遅れている生徒よりも無知だということだ。何年も前にはこの町で、小規模のホップの売買をしていたが、ホップで破産した後、クリークル夫人のお金をくすねて、学校を始めたらしい。

（チャールズ・ディケンズ『デイヴィッド・コパーフィールド』一八五〇年）

ここで問題にされているのは、実は鞭打ちではない。高名なパブリック・スクールでも、すでに言及したイートン・コレッジのジョン・キートのように、鞭打ちで有名な教師が少なくなかった。クリークル氏の問題は鞭打ちをすること自体ではなく、学校を経営する目的や経緯にまつわる「いかがわしさ」なのである。

デイヴィッドは母親の死を機にこの学校を出て、働きに行かされ、後におばにひきとられてカンタベリーの学校に通うことになる。この学校はストロング博士という優秀な校長が経営する、優れた学校だった。

ストロング博士の学校は素晴らしい学校だった。クリークル氏の学校とは、善と悪ほどの違いがあった。まじめで品性があって、健全な秩序が保たれていた。すべてのことにおいて、生徒たちの道義心と誠意に訴えかけ、生徒たちにそれらの要素が備わっているという信頼が前提となっていたが、それが驚くほどの結果をもたらしたのだった。自分たちはみんなこの学校の運営に関わっていて、この学校の特質と品格を保つのに一役買っているのだ、という自覚をもつことができた。だから私たちはすぐに学校に大きな愛情を抱くようになった。少なくとも私の場合はそうだったし、私が在学している間は、そうではない生徒は一人もいなかったと思う。私たちは進んで勉強し、学校に名誉をもたらすことを望んだ。授業時間外にはよく運動をしたし、自由時間もたっぷりあった。そして私たちは町の中でも評判がよく、外見も振る舞いも、ストロング博士と、ストロング博士の生徒たちという名に恥じなかったのである。

これが一つの理想化された学校の姿であるとしても、校長先生の資質、人格、教育によって、学校は天国にも地獄にもなりえたのである。その意味では、これらの小規模の私立学校が模倣した、より規模の大きい、歴史のあるパブリック・スクールも同じだった。

ミドル・クラスが求める秩序

パブリック・スクールは、ドゥーザボーイズ・ホールのような怪しげな寄宿学校とは一線を画していたものの、すでに見たように、アッパー・クラスの子弟が、同世代の少年たちに揉まれ、いわば根性を鍛えなおす場であり、無法地帯と言ってよかった。しかし十八世紀から十九世紀にかけて、商人や資本家などの、裕福なミドル・クラスの数と力が増大すると、彼らは自分たちの子弟をパブリック・スクールに入れて、紳士としての教育を受けさせたいと願うようになる。勤勉で道徳的で自助の精神に富み、しかも学費を充分に払うことができる、これらのミドル・クラスの子弟を満足させるには、パブリック・スクールはもはや弱肉強食の無法地帯のままでいるわけにはいかない。パブリック・スクールにも「ミドル・クラス的でリスペクタブル(まとも)な」秩序とルールが必要となってくる。そして、次章で述べるように、ラグビーのトマス・アーノルドを始めとする、何人かの著名な校長のもとでパブリック・スクールの改革が始まり、現代のパブリック・スクールの基盤となる伝統や習慣が築かれていくのである。

第2章

「学校物語」とイメージの確立

『トム・ブラウンの学校生活』のアーサー・ヒューズ(1831-1915)による挿絵．いじめっ子からアーサーを守るトム

アーノルドの改革

前の章で紹介したように、十九世紀初めの多くのパブリック・スクールは、秩序がなく、いじめや暴力が横行し、偏った教育がなされている状態で、存続するには大きな改革を必要としていた。そこに登場したのが、一八二八年にラグビー・スクールの校長として赴任した、トマス・アーノルド(一七九五～一八四二)である。彼は、改革によって学校を変えただけでなく、他のパブリック・スクールにも大きな影響を及ぼし、パブリック・スクールに秩序と品格をもたらすことになる。

アーノルドは収税吏の息子として生まれ、パブリック・スクールのウィンチェスターで教育を受けて、オックスフォード大学に進み、聖職者の資格を得た。その後、私塾を開いて十年近くそこで教えていたが、一八二七年にラグビー・スクールの校長の職に応募し、翌年に任命された。ラグビー・スクールでアーノルドに教わり、その伝記を書いた聖職者アーサー・ペンリン・スタンリー(一八一五～八一)は、当時のパブリック・スクールの状態について、「この制度全体の徹底的な改革、あるいは徹底的な破壊は時間の問題だということを多くの人は感じていた」と書いている(『トマス・アーノルドの生涯と書簡』一八四四年)。パブリック・スクールの改革を行なったのは決してアーノルドだけではないが、その徹底ぶり、そして何よりも、生徒を「キリスト教徒の紳士」にするという熱意が大きな結果をもたらし、他のパブリック・スクールの手本となった。

アーノルドはまず学校の理事に対して、運営はすべて自分に任せてくれるように要請し、もし気に入らないことがあれば、干渉するのではなく解雇してくれと要求した。一方で、同僚の教師たちとは常に会議を開き、彼らの意見を聞いた。さらに、それまでは下宿屋同然だった寮の責任者(寮長)に教員を任命し、教員と生徒の関係をより近いものにしていった。

体罰とファギングの改革

パブリック・スクールの生活の一部として名高い体罰に関しては、廃止すべきだという声が一部のリベラルな雑誌からはすでに上がっていた。しかしアーノルドは体罰を廃止することはせず、「嘘をつくこと、飲酒、怠惰な習慣といった道徳的な罪」にのみそれを課した。それまでは例えば授業で質問に答えられなかったり、解答を間違えたり、あるいは生意気な顔つきをしたといったことでも、教師は生徒に体罰を与えていたのである。

アーノルドはさらに、上級生により大きな権限を与えた。前の章でも触れた、下級生が上級生の使い走りをするファギングという慣習を利用したのである。ファギングというのは、通常、最上級生の六年生と五年生に、一年生から三年生までの下級生がつき、下級生は上級生に仕事を言いつけられたら、基本的にいつでもそれをしなければならない、という慣わしである。学校によっては、一人の下級生が特定の上級生について使い走りをする、というところもあった。

トマス・アーノルド（1795−1842）

学校によって様々だが、たいてい上級生は「書斎」と呼ばれる部屋を与えられており、一つの書斎を二、三人で使っていた。ファギングの内容は、その部屋で上級生がお茶や食事をとる時に、火を熾したり、食べ物を用意したり、片付けをすることが主だった。しかし、実際は下級生が上級生にこき使われ、無理難題を押し付けられ、それを達成できないと罰を受けたり、いじめられたり、時には性的いやがらせを受けることもあった。そのため、ファギングに反対する声も聞かれ、それを利用しようとするアーノルドは時代に逆行していると批判も受けていた。しかしアーノルドは上級生が下級生に対して責任をもち、必要ならば彼らを守るという、ファギングの可能性を信じ、制度化したのである。

「パブリック・スクールの父」

アーノルドが行なった改革でやはり大きな批判の的になったのは、学校に適していないと思われる生徒を容赦なく退学させたことだった。スタンリーはこのことについて、先の本で次のように書いている。

アーノルドが最初にラグビーで職に就いた時には、追放されるしかるべき重大な罪を起こさない限り、生徒はパブリック・スクールに在学する権利がある、というのが一般的な考え方だった。生徒が悪ければ悪いほど、親にとって厄介であればあるほど、パブリック・スクールに適していると思われたのである。つまりパブリック・スクールの大きな目的とは、悪い子供の根性を体罰でたたき直すことだったのだ。

しかしアーノルドはこの点ではゆずらなかった。たとえ特に悪いことをしたわけでもなくても、学校から得るものがないと思われる学生については、除籍したのである。

この学校からなんの良い影響も受けず、他の生徒に良い影響を与える力もない生徒というのは、実にゆゆしき存在である。それが悪い性質をもっているということでなく、きわめて愚鈍であったり、ひじょうに幼児的だったり、性格に品がないというような理由であっても。その志の低さと誤った価値観が下の学年の者の手本となってしまいかねないため、学校にとって良くないというだけでなく、明らかに悪い存在なのである。この学校が悪の教育の場になるのを阻止するには、そのような生徒を追い出す以外の方法はないと思う。

アーノルドはこのようなケースは、いわゆる「退学処分」ではないと主張し、なるべく目立たないように、しかし確乎たる意志を持って、「不適切な」生徒を排除していった。

さらに、生徒のモチヴェーションを高めるために、試験の成績によって賞金や奨学金を設け、自ら試験の作成に関わった。また、授業科目も、従来のギリシャ・ラテン古典の他に、現代史、現代言語(フランス語とドイツ語)、そして数学を導入して、話題を呼んだ。宗教の教育には特に力を入れていたのは言うまでもない。また、生徒たちの交友関係などにも目を配り、教員たちにも、誰と友達になるかが人格形成に大きく関わるのだから注意しなければならない、と語っていた。

アーノルドに心酔していたスタンリーが描いたこうしたアーノルド像は、かなり理想化されていたかもしれないが、「パブリック・スクールの理想の校長」像として定着していった。リットン・ストレイチー(一八八〇〜一九三二)が一九一八年に書いた偶像破壊的な『ヴィクトリア朝偉人伝』で、アーノルドを視野の狭い、反動的でナイーブな人間として皮肉たっぷりに書き上げるまで、アーノルドは、イギリスの良き伝統を体現するパブリック・スクールの父として、崇められたのである。

学校長協会の設立

一八六一年、パブリック・スクールの実態を調査するための委員会が設立された。イートンにおける資金の運用や建物管理に関する苦情が、文芸誌『エジンバラ・レヴュー』に掲載されたことの結果だった。クラレンドン伯爵(一八〇〇〜七〇)の率いるこの委員会はクラレンドドン・コミッションと呼ばれ、当時の「九大校」――イートン・コレッジ、ウィンチェスター・コレッジ、ウェストミンスター・スクール、チャーターハウス・スクール、セント・ポールズ・スクール、マーチャント・テイラーズ・スクール、ハロウ・スクール、ラグビー・スクールとシュロウズベリ・スクール――の他に、比較的新しい学校であるモールバラ・コレッジ(一八四三年創立)、チェルテナム・コレッジ(一八四一年創立)、ウェリントン・スクール(一八三七年創立)を訪れ、聞き取り調査をしたり、学校の設備を点検し、資金運用や理事会運営、カリキュラムに関する改革を提案した。

さらに一八六四年にはトーントン・コミッションが設立されて、よりマイナーで小規模な学校も詳細な調査の対象となった。そこで様々な不正や不備を発見したこの委員会は思い切った提案をした。これらの学校を国会の運営の下に置き、全国統一試験を課し、定期的に調査を行ない、カリキュラムに科学を含むなどして、一新するというものである。この改革案には先に挙げた「九大校」は含まれていなかったが、対象となった学校はもちろん、「九大校」の多くも抗議の声を上げた。

これが学校長協会の設立のきっかけとなる。本書の冒頭で、校長がそのメンバーであることがパブリック・スクールの要件である、と述べた協会である。カンタベリーのキングズ・スクールの校長のジョン・ミッチンソン(一八三三〜一九一八)の提案で、国の介入に抵抗しようと、二十六の学校の校長が集まったのが始まりだった。結局トーントン・コミッションの過激な提案は法案とはならず、一八六九年の「寄付金により運営された学校法」は、これらの学校の校長に、自分達が必要と思うような改革をやりやすくするような内容となっていた。こうしてパブリック・スクールの改革が進められると、それが一つの教育機関だけでなく、イギリスの文化とアイデンティティの重要な部分を占める存在となり、独特のイメージが確立されていくのである。

トムの学校生活初日

こうして改革が進められたパブリック・スクールの理想的な教育現場としてのイメージは、さらに、トマス・ヒューズ(一八二二〜九六)のベストセラー小説『トム・ブラウンの学校生活』(一八五七年)において強化され、広く知れ渡ることになる。トマス・ヒューズはラグビー出身の法律家で、やはりアーノルドを敬愛していた。『トム・ブラウンの学校生活』は、ラグビーに入学が決まった息子のために書かれた作品で、ヒューズ自身のラグビーでの経験を描いたものだった。主人公のトム・ブラウンは十歳でラグビーに入学する(ちなみに、十歳未満の生徒は入学させないというのも、アーノルドの改革の一つだった。それまでは入学の年齢は特に決まっておらず、六歳の子供も寄宿学校に入れられていたとトレヴァー・メイは『ヴィクトリア朝のパブリック・スクール』で書いている)。

到着するとすぐ昼食の時間で、トムは他の生徒と一緒にテーブルに着く。彼は、自分のテーブルの上座に座っている、あご髭をたくわえた威厳のある男性を、てっきり教師と勘違いするが、実は上級生の監督生だと聞いて驚く。監督生(ラグビーでは praepostor と呼ばれる。学校によっては prefect, monitor など呼び名が異なる)とは、勉学、スポーツ、人格など、様々な点で優秀と認められた上級生が、校長から任命されてつく地位である。すべての上級生が監督生になるわけではない。彼らは校長から信頼され、学校の運営に参加し、下級生の監督をして、必要ならば体罰もくだすのである。パブリック・スクールでは、生徒は教師に対しては「サー sir」と呼ぶが、生徒どうしではどんなに相手が年上でも名字を呼びすてにすることになっていた。そのため、入学したばかりのトムも、この教師よりも偉そうな上級生を「ブルック」と、呼びすてにするのである。

寮とスポーツ

トムは事情があって、学期の途中にやってくるのだが、その日はたまたま、寮対抗のフットボール(この場合はラグビーのこと)の試合の日だった。寮対抗の試合は、全員が参加しなければならず、こっそりと逃げ出す下級生がいないかどうか、監督生が目を光らせている。こうして自分の寮に対する忠誠心を培い、さらに、スポーツを健全な競争心の表現として奨励したのもパブリック・スクールの特徴だった。

パブリック・スクールの規模が大きくなり、教師が学生全員に目を配ることが難しくなると、各寮に配属された教師(寮長)、そして寮の監督生が寮の学生に対して責任をもつ。生徒たちは、教室では大体同じ年齢の生徒と接するだけだが、寮では年齢の離れた生徒たちと接することができた(ただし、イギリスの学校は今でもそうだが、当時は特に学力があれば、年齢が若くても上のクラスに進むことができたので、一つのクラスに学ぶ生徒の年齢には多少幅があった)。アーノルドはこの寮の制度そのものを作ったわけではないが、寮の結束、寮への帰属意識を強めて学校の秩序を保つ手段としたのである。今でもパブリック・スクールではどこの寮にいたかということがひじょうに重要であり、寮ごとに制服のネクタイの色やマフラーのストライプの色を変えている学校もある。寮どうしの競争は、スポーツだけでなく、コンサートや演劇、暗唱など、様々な分野で行なわれたし、悪いことをした生徒の所属する寮には「ブラック・マーク」と呼ばれる

「罰点」が与えられ、寮全体に不名誉がもたらされるという制度をとっている学校もあった。

話をスポーツに戻すと、ルールが整った制度化されたスポーツ（前にも書いたように、イギリスでは「ゲイムズ games」と呼ばれる）は一八五〇年代以降、パブリック・スクールにおいて重要な地位を占めるようになる。冬はラグビーやサッカー、夏はクリケットと、屋外で身体を動かすことが、少年たちのエネルギーを健全なかたちで発散させるという目的があったのはもちろんだが、さらに、協調性やフェア・プレイを培う活動として、特に十九世紀の後半にはパブリック・スクールの中心的な活動となる。そしてスポーツが得意な生徒が最も人気を集め、学校の中でも力を得ていくのである。幸いなことにトムは寮対抗の試合で頭角を現わして、さっそく人気を得る。

監督生の存在

試合の後の食事も終わり、ベッドが十二台ずらりと並んだ寝室で就寝の時間となるが、ここでもまだパブリック・スクールの儀式が待っていた。前の章でも触れた、毛布での胴上げである。フラッシュマンという名前のいじめのリーダーが四、五人の仲間とともに入ってきて獲物を探す。フラッシュマンは嫌がる下級生を胴上げしようとするが、同級生に「嫌がっている奴はやめよう。いじめになるから」と止められる。そこで、逃げも隠れもせず、覚悟を決めていたトムと友人のイーストが標的となる。彼らは毛布の上で胴上げされる。「監督生が来るぞ！」と誰かが叫ぶとフラッシュマンとその友達は慌てて退散する。トムとイーストは痣だらけになるが、「根性のある奴」として注目されるのである。

寝室もまた監督生の管轄である。暖炉の近くの、他よりも少し大きなベッドを与えられた監督生は、寝室が騒がしいと注意して、秩序を保つ。朝には下級生が順番で、洗面用のお湯をとってこなければならない。昨晩の胴上げで動くのも億劫なイーストに代わってトムがお湯を持ってくるが、これが彼の最初のファギングの経験となる。

トムのこのような体験を、ヒューズはパブリック・スクールの生活の一部として当然のもののように描いている。この中でヒューズが特に強調するのは、監督生の存在がいかに重要かということである。トムが入学してしばらくすると、ブルックを始めとする六年生の監督生が何人か卒業するが、代わって新しく監督生になった六年生は、みな頼りない。勉強ができるということで六年生になったが、まだ幼く身体も発達していないので幅をきかせられなかったり、身体は大きいが内面が伴わず、責任感が芽生えていないような学生だったのである。下級生をきちんと監督し、守る六年生がいないので、五年生のいじめっ子たちは、下級生に対して好き勝手に振る舞うようになる。下級生をファギングに使う権利があるのはラグビーでは六年生だけだが(学校によって違う)、フラッシュマンなどの五年生は下級生をこき使い始める。

トムとイーストは憤慨し、六年生以外の上級生のファギングは断固として断る決心をした。他の下級生も二人の例に倣ったので、五年生たちはついに「違法な」ファギングを断念する。しかしトムとイーストは、最初に逆らった人物としてフラッシュマンに目をつけられるのである。結局トムとイーストはフラッシュマンの執拗ないじめに屈することなく、喧嘩をいどんで、相手を倒す。その後フラッシュマンは外出先から泥酔して戻ってきたことがばれて、退学になる。

選ばれた者の権力

こうしてフラッシュマンの件は一件落着となるのだが、ここで重要なのは、ヒューズはファギングの習慣そのものを批判しているわけではないということである。問題が起こるのは、上級生や監督生がその役割をきちんと果たすことができない場合なのであり、立派な上級生や監督生のもとでは、ファギングの制度はなんの問題もない。下級生は最上級生の使い走りをすることによって、人のために働くことを初めて体験するだけでなく、上級生と知り合うことができ、信頼関係を築くこともできる、というのである。ここにヒューズが敬愛するアーノルドの思想をよみとることができる。

監督生の存在の重要性は、別のエピソードでも語られる。ある日、トムとは別の寮のホームズという名の監督生が、校長に呼ばれて相談を受ける。その寮にはやはりいじめっ子がいる。「この件に関しては私は正式な報告を受けたわけではないんだ。もし正式に取り上げるとすれば、その生徒を退学にしなければならなくなる。しかし彼には良いところがあると思うので、退学にはしたくない」と校長が言うと、ホームズは「わかりました。お任せください」と答える。

こうして校長の依頼を受けたホームズは、監督生の権限として、問題のいじめっ子に寮生の前で体罰を与える。数年後、その生徒はホームズに、あのときの体罰が自分にとってこのうえなく良い結果をもたらし、おかげで人格が変わったと礼を言い、その後は学校にとっても良い影響を及ぼす存在となるのである。

監督生は上級生であれば誰でもなれるわけではないのは前にも書いたとおりである。学力よりも責任感、誠実さ、人望などを考慮して、校長が他の教員や、時には他の監督生と相談して選ぶ。監督生はこうしてある程度学校の運営にも関わり、リーダーシップや権力の使い方を学ぶのであるが、それができるのは選ばれた人間だけなのである（ただし、こうして監督生になった者の中には、パブリック・スクールでの地位と権力が人生の頂点となり、学校卒業後には喪失感に悩む者もいた）。

感化し合う生徒

ヒューズが『トム・ブラウンの学校生活』でさらに強調したのは、トムがきわめて「普通」の家の出身だということである。「普通」と言っても、「庶民」ということではなく、「普通の紳士」の家のことである。そもそもトム・ブラウンというこの平凡な名前は「典型的なイギリス紳士」を表わすものであり、イギリスを支える、堅実なアッパー・ミドル・クラスのプロトタイプであった。つまりこの物語は、膨大な財産と長い歴史をもつ一握りの上流階級の子弟についてではなく、この時代にその数と力がますます大きくなっていくミドル・クラスの子弟の話なのだということが強調されている。

また、トムはその能力や人格においても、決して特別な存在ではない。学力はそこそこだし、いたずらをして処罰されることもあるし、ともすれば怠惰になりがちである。その代わり、正義感は強く、自分が正しいと思ったことは人の思惑を気にせずにやりとげるし、信念を守るためには喧嘩も辞さない。したがって人望も厚く、人気者となる。自分自身、アーノルドを敬愛し、ラグビー・スクールで楽しい学校生活を送ったヒューズは、パブリック・スクールに完全に適応し、そこから得るものも多い、「健全な」生徒の典型としてトム・ブラウンを描いているのである。

しかし一方で、繊細で神経質で身体もそう強くなく、肉体的にも精神的にもパブリック・スクールの生活に向いていない生徒もいたのは言うまでもない。『トム・ブラウンの学校生活』の後半では、まさにそのような人物であるジョージ・アーサーが新入生として入学してくる。なお、このアーサーのモデルになったのは、アーノルドの伝記を書いたアーサー・ペンリン・スタンリーだと言われている。

アーサーは思慮深くて感性が強く、信心深い少年である。校長のアーノルドの計らいで、トムとアーノルドは同じ書斎をあてがわれる。学校の人気者で見込みのある学生だが、ともすれば怠惰になったり楽をしたがるトムにとって、アーサーは良い影響になるだろうし、またアーサーもトムと仲良くなることによって恩恵を被るだろうという考えからだった。

最初はアーサーの良さを認めながらも、同室にされたことを迷惑がるトムだが、校長の思惑通り、次第にアーサーに感化され、学年が上がるにつれて責任感も強まり、教員にも学生にも信頼される、立派な学生となっていく。つまり、このような「理想的な」パブリック・スクールでは、賢い指導者のもと、どんな気質の学生であっても、互いに良い影響を与え合い、感化し合い、卒業する頃には立派な紳士となっているということなのである。

「学校物語」の流行

『トム・ブラウンの学校生活』はひじょうな人気を博し、出版された三ヶ月後には第二版、その二ヶ月後には第三版と、一年のうちに第六版まで出版された。これがいわゆる「学校物語」という児童文学のジャンルの始まりだと言われている。十九世紀の半ばから二十世紀半ば頃にかけて、じつに多くの「学校物語」が書かれるが、その大部分は今では読まれることもなく、忘れられている。特に初期の頃の「学校物語」は教訓的で、説教調の作品が多かったためだろう。

ヴィクトリア朝における「学校物語」の中でも、『トム・ブラウンの学校生活』と並んで特に有名だったのはフレデリック・W・ファラー(一八三一〜一九〇三)という牧師が書いた『エリック、あるいは一歩ずつの前進』(一八五八年)という小説である。主人公のエリック・ウィリアムズは父親の仕事の関係でインドに生まれたが(ファラー自身もインド生まれだった)、幼い時にイギリスに戻され、おばに育てられ、十二の年にパブリック・スクールに入学する。トム・ブラウンと同様、エリックは長所もあるが欠点もあるという「普通」の人物である。少し気をゆるすと怠惰になったり、宿題をするのに禁止されている参考書を使ったりするばかりか、さらに飲酒や喫煙、借金といった、より深刻な誘惑に身を任せていく。エリックは何度か反省して心を入れ替えるが、自分の弱さに打ち勝つことができず、学校から逃げだし、船に乗り込むが、そこからも逃げだし、なんとかしておばの家にたどり着く。しかし学校を逃げ出してからの過酷な生活のせいで身体をこわし、おばの家に戻ってまもなく、病死してしまう。

陰鬱な物語であるが、これはヴィクトリア朝における子供のための書物の例にもれず、「教訓もの」なのである。目的は『トム・ブラウンの学校生活』と同様、パブリック・スクールの気風を賛美するものだったが、『トム・ブラウン』とは逆に、「パブリック・スクールの良さを取り入れることのできない生徒は惨めな人生を送るだろう」という警告を発している作品である。今ではほとんど読まれることがなく、そのメロドラマ性によって嘲笑の的にもなっているが、出版当時はこの作品の説教的なところは子供よりも大人に気に入られ、当時「エリック」という名を子供につけるのが流行ったらしい。

『聖ドミニク校の五年生』

ヴィクトリア朝の「学校物語」としてもう一つ、きわめて有名だった、タルボット・ベインズ・リード(一八五二〜九三)の『聖ドミニク校の五年生』(一八八一年)は、『エリック』とは違って、子供の読者の人気を集めた。この作品は『ボーイズ・オウン・ペイパー』(一八七九〜一九六七年)という少年向けの週刊誌(一九一三年からは月刊誌)に連載された。この雑誌は、子供の読書を促進し、同時にキリスト教的道徳を教えるという目的で創刊されたもので、子供が喜びそうな冒険物語やスポーツに関するエッセー、謎解きやゲームなどが掲載されていた。

『聖ドミニク校の五年生』も、教訓的な要素はあるものの、喜劇的要素が強く、生徒どうしの喧嘩や競争、ファギングをめぐるトラブルといった、より日常的なことがらが描かれている。また、学年対抗のクリケットの試合に一章がまるまる当てられ、プレイの詳細が描かれるなど、『トム・ブラウンの学校生活』に始まり、のちの『ハリー・ポッター』のクイディッチの試合にまでつながる、「学校物語におけるスポーツ」の伝統が、ここにも見られる。

実は作者のリード自身は一八三四年にロンドンに創立されたシティ・オブ・ロンドン・スクールという通学制の学校の出身で、寄宿学校に行った経験はなかった。寮の生活やファギングについては、他の「学校物語」から情報を得て書いているが、自分が経験していない種類の学校を舞台としてあえて選んでいることからも、当時寄宿制のパブリック・スクールを舞台にした「学校物語」がいかに人気があったかがうかがえる。

子供に愛されるビリー・バンター

「学校物語」の中でも最も広く読まれ、愛されたと言えるかもしれない「ビリー・バンター」のシリーズの作者、フランク・リチャーズ(一八七六～一九六一)も寄宿学校に行っていなかった。リチャーズは本名をチャールズ・ハミルトンといい、いくつかのペンネームを使って、子供向け週刊誌に物語を連載していた。なかでも『ジェム』(一九〇七～三九)と『マグネット』(一九〇八～四〇)という子供向けの雑誌に連載していた「学校物語」がひじょうな人気を博し、特に『マグネット』に連載された、グレイフライアーズという架空のパブリック・スクールを舞台にした一連の学校ものはたいへん人気があった。

最初のエピソードで登場するのは、ハリー・ウォートンという少年で、彼は父が死んでからおばに育てられるが、甘やかされてしまって手におえない。そこへ、おじがインドから戻って来て、ハリーのためにも、彼をパブリック・スクールに入れることを決断する。学校に行きたくないハリーは、グレイフライアーズに向かう汽車の中でさっそく他の少年と喧嘩をし、学校に着いても、反抗的な態度をとって、友達を作ろうともしない。挙げ句の果てには学校から逃げ出すのだが、強盗に襲われるところを、同じ書斎の生徒のニュージェントに助けられ、それまでの自分を反省して、学校に戻る。

このように、パブリック・スクールが人格形成の場所であり、弱点や欠点を持った少年でも、良い感化を受けて変わることが可能であるという、従来の「学校物語」のメッセージや教訓が盛られているが、回を重ねるごとに、傾向がいささか変わっていく。生徒たちのいたずらや悪ふざけ、スポーツと遊びといったことが話の中心になっていき、いわゆる「教訓的」な要素は薄れていくのだ。

また、ハリーやニュージェントの他に、インドからの留学生のハリー・ジャムセット・ラム・シングなど、様々な人物が登場するが、最初はわき役で、嫌われ者のビリー・バンターが次第に人気を集めていく。ビリー・バンターは太っていて食い意地がはっていて、スポーツも勉強も苦手で、常に「金持ちの親戚」の話をしているスノッブである。典型的な学校の「嫌われ者」なのだが、精一杯知恵を絞って食べ物を得ようとしたり、授業をさぼったことをごまかそうとしたり、といったエピソードが若い読者に喜ばれ、いつの間にか、本来の主人公のハリーよりもビリー・バンターのほうが中心的人物になっていく。話の内容も「子供のためになる」から「子供が喜ぶ」ような、ジョークや悪戯やドタバタ喜劇になっていき、のちにはテレビドラマにもなった。

憧れとしてのパブリック・スクール

興味深いのは、このシリーズの読者が、パブリック・スクールに行くような子供だけでなく、パブリック・スクールとはまったく無縁の世界に生きている、ロウワー・ミドル・クラスやワーキング・クラスの子供たちでもあったことである。作家ジョージ・オーウェル(一九〇三〜五〇)はイギリスにおける学校物語について、次のように書いている。

不思議なことに、「学校物語」はイギリス特有のものだ。私が知っている限り、外国にはほとんど「学校物語」は存在しない。理由は明らかだ。イギリスでは教育は主に階級と関連があるからだ。プチブルとワーキング・クラスを分ける最もはっきりした線は、前者が教育に金をかけるということであり、ブルジョワジーの中でも、「パブリック・スクール」と「プライベート・スクール」にもまた、越えることのない溝がある。「かっこいい」パブリック・スクールの生活の細々したところまでをきわめてスリリングでロマンティックに感じる人々が何十人もいることは明らかだ。彼らは中庭〔パブリック・スクールには必ずといっていいほどある〕や寮からなる神秘的な世界の外にいるのだが、その世界に憧れ、夢見、想像の中で何時間もそこで過ごすのである。問題は、彼らはどういった人間なのか?『ジェム』や『マグネット』を読むのは誰なのか?

（ジョージ・オーウェル「少年雑誌」一九三九年）

ここで彼のいう「プライベート・スクール」とは、第一章で言及したパブリック・スクールを模倣した学校で、金銭的利益のために一人の校長が運営するような小さな学校が該当する。他に、二十世紀初頭には、これもまた主流のパブリック・スクールを真似た「マイナー・パブリック・スクール」と呼ばれる学校も増えていった。ゲイソーン゠ハーディはこれらの学校を「少人数制の安っぽいイミテーション」と評しながらも、この種の学校が実は「誇張されたパブリック・スクール精神を広い範囲の社会的階層に広めていった」と分析している。「マイナー・パブリック・スクール」と言っても、その定義がはっきりしているわけではなく、その規模も質も様々である。

オーウェル自身は、裕福な家ではないが、アッパー・ミドル・クラスの出身で、両親が学費を払えなかったため、奨学生としてイートン・コレッジに行った。彼はプライベート・スクールについて辛辣なことを書いている。

私が観察したところによるとこうだ。自分たちもパブリック・スクールに行くような少年も一般的には『ジェム』や『マグネット』を読むが、彼らは十二歳頃になると、たいていはもう読むのを止める。あと一年くらいは習慣で読むかもしれないが、その頃にはもうその手の雑誌を真面目には読まなくなる。一方、ひじょうに学費の安いプライベート・スクール、つまりパブリック・スクールに行くお金はないが、公立の学校を「下品」と思うような人々のために作られた学校の生徒は、そのあと何年かは『ジェム』と『マグネット』を読み続ける。数年前、私自身がそのような二つの学校で教えていた。そこではほとんどの生徒が『ジェム』と『マグネット』を読んでいただけでなく、十五歳や十六歳になってもかなり真面目に読んでいたのである。これらの生徒は小さな店の店主や、事務員や、小規模な企業や専門職に就いている人たちの息子であり、『ジェム』と『マグネット』が想定している読者がこの階級なのは明らかだ。

オーウェルが教えていた二つの学校の一つは、ロンドン西部の小さな男子校で、生徒は二十人足らず、教師はオーウェルの他に一人しかいない「プライベート・スクール」だった。生徒は主に地元の小売店や商人の息子だった。もう一つは、やはりロンドン西部のアックスブリッジにあるフレイズ・コレッジという学校で、こちらは生徒は二百人あまりいる、より大きな規模の学校で、「マイナー・パブリック・スクール」と言えるだろう。一八七〇年の教育法によって、公立の小学校教育(年齢とは関係なく、読み書きと算術を教えるもの)がイングランドとウェールズでじょじょに広まっていった(スコットランドでは一八七二年)。第五章で取り上げるように、公立の中等教育制度が整備されるのは一九四四年の教育法においてだが、公立の中等教育施設はそれ以前から作られており、そこに通うワーキング・クラスの子供たちの数も増えていた。オーウェルのここでの標的は、そうした「公立の学校」に通うワーキング・クラスを「下品」と見下す、ロウワー・ミドル・クラスの子供たちなのである。上昇志向の強いこの階級が、パブリック・スクールの物語を、いい年になっても夢中で読みふけるのは不思議なことではない、とオーウェルは書いているのである。

ワーキング・クラスの愛読者たち

だが、オーウェルは、「学校物語」の愛読者について、先ほどの引用に、次のように続けている。

しかしこれらの雑誌をワーキング・クラスの少年が読んでいるのもほぼ確かだ。大きな町の最も貧しい地域で売られているし、パブリック・スクールの「華やかさ」にまったく興味なさそうな少年たちが読んでいるのも見ているのだ。

自分たちにとってまったく無縁の世界であるどころか、学校の外の「町の子供」といったかたちで、作品の中で滑稽に描かれることさえあるワーキング・クラスの子供たち自身が、「紳士形成」の物語に夢中になるのは興味深い。実際、単行本や他の雑誌よりも安い価格で手に入るこれらの少年雑誌に連載された「学校物語」は、ワーキング・クラスの少年たちに愛読されていた。二十世紀初頭のワーキング・クラスの生活について、ワーキング・クラス出身の作家ロバート・ロバーツ(一九〇五~七四)は次のように回想している。

第一次世界大戦の前にもすでに、ワーキング・クラスの多くの子供がフランク・リチャーズの学校物語に熱中していた。グレイフライアーズ校のハリー・ウォートンと友人たちの行動の基準に、学校の生徒や十代の若者の何人かは、断続的にではあるが、従おうとしていた。喧嘩はグレイフライアーズ校のルールに則って行われるのが理想だった。相手が倒れたら手を出さない、蹴りは禁止、つまり男らしい握りこぶし以外の武器は使ってはいけなかった。グレイフライアーズを通してわれわれは根性、誠実さ、伝統を良いものと思い、食いしん坊、アメリカ人、そしてフランス人をバカにすることを覚えた。つげ口をする奴らと泥棒をさげすんだ。〔中略〕自分たちの学校には愛校心や忠誠を感じることができなかったので、グレイフライアーズがわれわれの本当の母校となった。〔中略〕そして、この母校を敬愛する人間にとって、自分こそがグレイフライアーズの生徒たちからあんなにも軽蔑された「品のない男」の典型だと気づくと、奇妙なショックを覚えたものだ。

(ロバート・ロバーツ『古典的なスラム街——二十世紀第一四半世紀のサルフォードの生活』一九七一年)

パブリック・スクールに行く子供を励ますために始まった「学校物語」は、このように階級を超え、ワーキング・クラスの子供、そして若者の愛読書になっていく。

ボーイ・スカウト運動

ワーキング・クラスの子供たちに階級を超えることは奨励しないものの、教育を与え、「紳士」の精神を教えることでその暴動を防ぐという考え方は、特に十九世紀後半から出てくる。二十世紀初頭にチャーターハウス・スクール出身のロバート・ベイデン゠パウエル(一八五七〜一九四一)が始めた「ボーイ・スカウト」運動も、ワーキング・クラスの少年に、パブリック・スクールの規律と人格形成の機会を与えようという試みである。

ベイデン゠パウエルはパブリック・スクールの学校生活に馴染み、満喫した。チャーターハウスのまわりの森で、探検や自然観察を楽しんだという。勉強はあまり得意ではなく、大学に進学せずに軍隊に入り、軽騎兵としてインドに派遣された。アフガニスタン、ズールーランド、マタベレラント(ジンバブエの一地方)などで英国の植民地戦争に参加した後、近衛竜騎兵連隊の指揮官となった。ボーア戦争でも戦い、一八九九年には南アフリカのマフェキングをボーア軍が包囲した、いわゆる「マフェキングの包囲戦」で、救援部隊が来るまで持ちこたえ、「英雄」としてイギリスで讃えられた。このように、当時のパブリック・スクール卒業生の理想とも言えるベイデン゠パウエルが立ち上げたボーイ・スカウト運動が、パブリック・スクール気質と帝国主義にあふれているのも不思議ではない。

ボーイ・スカウト運動は、階級を超えた全国の少年を対象にしていたが、それはつまり、パブリック・スクールで培われる正義感、勇気、節操といった要素を、パブリック・スクールとは無縁の少年たちにも教えようという試みなのである。例えば彼が書いたボーイ・スカウトのハンドブック『スカウティング・フォア・ボーイズ』の「フェア・プレイ」という項目には次のように書いてある。

フェア・プレイ——イギリス人は他のすべての国の人々よりもフェア・プレイを大事にする。

もし、大きないじめっ子が小さい子や弱い少年を相手にしようとしていたら、止めなければならない。それはフェア・プレイではないからだ。

喧嘩で相手を倒したら、相手が倒れている間は殴ったり蹴ったりしてはいけない。もしもそんなことをしたら、みんなにとんでもないげすな奴だと思われるだろう。

（ロバート・ベイデン＝パウエル『スカウティング・フォア・ボーイズ』一九〇八年）

内容だけでなく、「とんでもないげすな奴 an awful beast」などという表現も、まるで「学校物語」からそのままとってきたようなものである。その他にも「不正は卑劣な行為で絶対にしてはいけない」、「試合に負けても勝ったチームを讃えるか、相手と握手しておめでとうと言うのを忘れてはいけない」など、学校物語の定番とも言えるフェア・プレイの言動が奨励されている。『スカウティング・フォア・ボーイズ』は最初は小冊子として売られ、一冊の価格が低いことからも、「学校物語」と同様に、ロウワー・ミドル・クラスやワーキング・クラスの少年にも読まれ、人気を得たのだった。

限られた階級のための児童文学

とは言え、ロバーツによると、二十世紀の最初の四半世紀において、イギリスのワーキング・クラスの若者に最も影響を与えたのはベイデン゠パウエルではなく、やはり「学校物語」のフランク・リチャーズなのである。パブリック・スクールを舞台にした「学校物語」がこれほど大きな影響を及ぼした理由の一つは、他の種類の学校についての物語が書かれることがほとんどなかったからである。これは「学校物語」に限ったことではなく、イギリスでは児童文学一般が二十世紀半ばまでは、アッパー・ミドル・クラスがアッパー・ミドル・クラスのために書いたものだった。
パフィン社から出版された『パフィン・ブック・オブ・スクール・ストーリーズ』(一九九二年)の序文に、その編集者のバーナード・アシュリーは、それまで「普通の」学校の物語が存在しなかったと書いている。

普通の学校の話を探す人がこれまでいなかったのは、そんなものは書かれていないと思われていたからです。僕たちのような子供のことを書いた本はなかったのです。もし学校の子供たちについての物語を読みたかったら(そういう物語はいつも男子校にいる男の子か、女子校にいる女の子の話ですが)、漫画か、あるいは学費のかかるパブリック・スクールを舞台にした本しかありませんでした。僕が読んだ本に出て来る少年たちは授業が終わっても家に帰らず、寮に帰って、宿題《ホームワーク》をする代わりに予習《プレップ》(プレパレーション preparation の略)をしていました。そして学期が終わると、彼らにとっては「ホリディ」ではなく「ヴァケーション」でした。そして僕たちはこのような、遠く離れた人物と自分たちを重ね合わせて、「プレップをする」とか「ヴァケーションを過ごす」話をしました。なんとなく劣等感を感じながら。他にしようがなかったからです。

第六章で見るように、第一次世界大戦で、パブリック・スクール出身の士官の勇敢な行動や、優れた指導力、英雄的な行動が報道されると、パブリック・スクールはいよいよ「真の紳士の形成場所」として理想化され、憧れの対象となっていく。ほんの一握りのアッパー・クラスおよびアッパー・ミドル・クラスの子弟が行くパブリック・スクールのイメージは、こうしてイギリス全体に大きな影響を与え、イギリス文化の重要な部分になるのである。

第3章

理想の裏側

イートン・コレッジの質素な教室(19世紀)

幼いチャーチルの受けた体罰

イギリスの政治家ウィンストン・チャーチル(一八七四～一九六五)はその回顧録『わが半生』の中で、最初に寄宿学校に入れられるときに、まわりの大人たちから「学校生活が人生の中で最良の時だ」と言われて、期待をもったことを語っている。チャーチルはこの時に七歳であり、彼が最初に行ったのはパブリック・スクールではなく、プレップ・スクールと呼ばれるタイプの学校だが、これは「パブリック・スクールに入る準備をする学校」という意味の「プレパラトリー・スクール preparatory school」の略称である。チャーチルが入れられた学校は、イートン・コレッジを特に意識したプレップ・スクールで(チャーチル自身はハロウ・スクールへ行くのだが)、きわめて評判のよい、「一流」と呼ばれる学校だったようだ。一つのクラスの生徒の数は十人に抑えられていて、当時はめずらしい電灯や水泳用のプールもあった。

しかし、チャーチルの記憶に最も強く残っているのは、体罰、しかも、鞭を使った体罰の恐ろしさだった。学校当局は、この体罰はイートン・コレッジの伝統を踏襲したものだと言っていたらしく、確かに、当時のパブリック・スクールにおいては、罰として、教師あるいは上級生が生徒を鞭で打つのは、イートン・コレッジでなくてもめずらしいことではなかったことはすでに書いたとおりである。とはいえ、まだ幼い子供を上級生が二人がかりで血が出るまで打つという罰は過激だったのではないか、とチャーチルは思い起こしている。

「ああ、テーブルよ」

このプレップ・スクールの教育の内容もひどいものであることをチャーチルは記録している。彼は学校に着いた最初の日に、ラテン語の文法書を渡され、暗記をするように言われた。教師が指したページにはラテン語の名詞の語形変化の表が書かれていた。

Mensa	a table
Mensa	O table
Mensam	a table
Mensae	of a table
Mensae	to or for a table

Mensa　　by, with or from a table

何の説明もなくこの表を示されたチャーチルは困惑する。それでも言われた通りに暗記すると、席をはずしていた教師が戻ってきた。


「覚えたかね？」と先生が尋ねた。

「言うことはできると思います」と私は答え、早口で暗唱した。

先生は非常に満足した様子だったので、私は勇気を出して質問した。

「これはどういう意味でしょうか？」

「書いてあるとおりだ。'Mensa' はテーブルだ。'Mensa' は第一語形変化の名詞だ。語形変化は五つある。君は今第一語形変化の単数形を覚えたのだ」

「でも」と私は繰り返した。「どういう意味でしょうか？」

「'Mensa' はテーブルという意味だ」

「でもそうだとすれば、なぜ 'Mensa' には「ああ、テーブル」という意味もあるんですか？　そして、ああ、テーブルとはどういう意味ですか？」

「'Mensa'、ああ、テーブル、は呼格だ」と先生は答えた。

「でもなぜ、ああ、テーブル、なんですか？」と私は本当に知りたくて食い下がった。

「ああ、テーブル――君がテーブルに呼びかけるとき、テーブルに訴えかけるときに使うんだ。テーブルに話しかけるときに使う言葉だ」

「でも僕はテーブルに話しかけたりしません」と私は心底から驚いて口にした。

「生意気な態度をとったら罰が与えられる。とっても厳しい罰だということを言っておこう」というのが断固たる応答だった。

これが私の古典との最初の出会いだった。わが国の最も聡明な人物達の多くが多大な慰めと益を得たという、あの古典との。（ウィンストン・チャーチル『わが半生』一九三〇年）

ハロウ・スクールでの日々

小さい頃身体が弱かったチャーチルは、この学校で体調を崩し、一八八三年には、ブライトンにある、もっと小規模で家庭的なプレップ・スクールに転校した。十二歳の時にハロウ・スクールの入学試験を受け、ラテン語の試験をほとんど白紙で出したにもかかわらず、入学を許可された。これは当時の校長が、試験だけで人を判断せずに、人を見る目があったからだとチャーチルは書いているが、チャーチルの家柄と影響力のある家族が貢献したことも確かだろう。チャーチルの父親ランドルフ・チャーチル(一八四九〜九五)は著名な政治家で、祖父は七代目モールバラ公爵(一八二二〜八三)だった。

『わが半生』ではハロウ・スクールでの日々が第二章に綴られている。いたずらで下級生をプールに落とすつもりが、間違えて最上級生を落としてしまったという、いかにも「学校物語」的な体験が書かれている。「小さいので四年生だと思ってしまったのです」という謝罪の言葉がさらに相手を怒らせてしまうのだが、「私の父は偉大な人ですが、やっぱり小さいんです」とつけ加えて相手を笑わせて窮地を脱する(ちなみに、チャーチルは後にこの上級生と、内閣で一緒になる)。これは、家柄が良く、父親が著名な政治家であり、ハロウでも早い時期に「陸軍学校進学クラス」に入るようなチャーチルだったからこそ許された芸当だろう。陸軍士官学校(通称サンダースト)、あるいは海軍士官学校(通称ダートマス)に入り、軍隊の士官になるというのが、「華やかな」キャリアとして、パブリック・スクールの多くの生徒の憧れだったのである。

チャーチルの自伝では、パブリック・スクールについてはほかにラテン語教育に対する不満を書いているくらいで、すぐにより関心があった陸軍士官学校への進学の話に話題が移って行く。パブリック・スクール時代がチャーチルにとって「最良の時」ではなかったのは明らかである。

卒業生のノスタルジア

このようにチャーチルには特にパブリック・スクール時代を懐かしんだ様子はなく、むしろ批判的だったように読めるが、多くのアッパー・クラスやアッパー・ミドル・クラスの紳士たちは、それを大切な思い出、あるいは「人生最良の時」として肯定的に語っているのは興味深い。十九世紀のアーノルドらによる改革の後でも、パブリック・スクールでの生活は規律が厳しく、体罰はあったし、上級生へは絶対服従で、使い走りや掃除までさせられることに変わりなかった。使用人が何でもやってくれるような居心地の良い家から来た紳士たちが、時間というフィルターをとおしてであっても、パブリック・スクールでの生活を懐かしく思い起こすというのはいささか不思議でもあるが、文学作品や回顧録にはそのようなパブリック・スクールへの思いが書かれていることが多い。

例えば、男爵の娘で、人気小説家のナンシー・ミットフォード（一九〇四〜七三）に、『神の賜物』（一九五一年）という作品がある。主人公はアッパー・クラスの令嬢で、気立ては良いがナイーブで単純なグレイスという若い娘で、同じくアッパー・クラスのフランス人、シャルル＝エドゥアールと結婚する。夫は人生経験豊富で知性と教養に溢れ、洗練された人物だが、田舎育ちの素朴なグレイスは、夫の女性関係に対して、フランスの女性のように冷静に対応することができず、幼い息子ジギモンを連れてイギリスの実家に帰ってしまう。実家に戻ったグレイスは、以前つき合っていた典型的なイギリスの紳士ヒューイーと、再び懇意になる。自分にはやはりイギリス人がよいのではないかとヒューイーとの再婚を考え始め、ヒューイーも乗り気になる。そして彼は、ジギモンをイートンに入れなければいけないと言い出すのだ。

光のなかの思い出

「この子はイートンに行かなければだめだよ。絶対にクリケットが上手になるから。勉強ばかりしているフランスの学校に入れているなんてもったいないよ」とヒューイーはグレイスに言った。

（ナンシー・ミットフォード『神の賜物』一九五一年）

イートンに子供を入れる理由が、勉強ではなくてスポーツであることがいかにもイギリス的だが、ヒューイーはさらにイギリス紳士らしく、きわめて理想化されたパブリック・スクールの記憶を抱いている。

思い出の中のイートンに、この世の陸にも海にも実在しない光〔ワーズワスの詩からの引用〕をあてて見る人々がいるが、ヒューイーはその一人だった。彼がしきりにイートンの話をしたので、ジギモンは自分が何かのチームのキャプテンになったり、キーパー〔イートンの用語で、スポーツや聖歌隊などの文化活動の責任者〕になったりしている様を想像し、たいへん乗り気になり始めた。

そしてヒューイーは、グレイスとジギモンを連れて、イートン在学中の甥のマイルズを訪ねる。町に着いたジギモンは、旧式な黒い制服に身をかため、寒そうに歩いているイートン・コレッジの生徒を一目見て、ショックを受ける。担任から外出許可を得たマイルズとともに、一行は学校の近くのレストランで昼食をとるが、マイルズはウェイトレスにクッションを持って来てくれと頼むと、ウェイトレスもすぐに事情を察し、頼まれたものを持って来る。

「なんかやらかしたのかい？」とヒューイーは尋ねた。

「上級生に鞭打ちの罰を受けただけだよ」

「それはご愁傷様。なにをしたんだい?」

「いつもと同じ、役割表を入れ替えたんだ」

「おやおや、それはいけないよ」

「わかってるさ」

「鞭打ちだって?」ジギモンはぞっとして聞いた。

「ああ、もちろん。君は受けたことがないのかい?」

「もちろんないよ。僕はフランス人だもん。そんなことはさせないさ」

「ずいぶん弱虫だな!」

「でも、君は鞭打ちを受けるのが好きなの?」

「いや、特に好きなわけではないよ。だけど僕がやる番になったら好きになるさ」


ヒューイーとマイルズは、上級生に棒で臀部を叩かれる鞭打ちの罰について当たり前のことのように話し、フランス育ちのジギモンを驚愕させる。昼食の後、彼らは学校を訪問し、マイルズの寝室を見学に行く。

一行はようやくマイルズの部屋に到着したが、きわめて殺風景で寒々としていた。壁はベージュ色でカーテンはオレンジ、そして片隅には天井から床まで黒いカーテンが吊られていた。〔中略〕ひじょうに寒かった。冬よりも寒かった。

もう何を見ても驚かない、といった様子で、ジギモンが「ベッドはあるの?」と尋ねる。

「もちろんあるよ、ここに」とマイルズは馬鹿にした様子で答えた。彼が黒いカーテンを持ち上げると、鉄製のものが壁にたてかけてあるのが見えた。「夜になるとこれを下に下げて、生徒付きメイドがベッドメーキングをしてくれるんだ」

ひじょうに質素な環境に置かれ、上級生のためにちょっとした家事は行なうが、自分のベッドはメイドが整えてくれる。興味深い制度だが、ジギモンはすっかりイートンに幻滅し、ヒューイーと絶対に結婚してほしくないと母親に告げる。そして息子を「神の賜物」として溺愛しているグレイスは、絶対にしないと約束するのである。

このように、パブリック・スクールの卒業生が、記憶の中で学生時代を理想化するということは、現実でもフィクションでもよく見られることである。また、「学校物語」の人気によって、イギリスの良き伝統の一つとして、理想化されたパブリック・スクール像が広く普及したことは前の章でも書いたとおりだ。

酷評された『ストーキーと仲間たち』

しかし繊細な神経の持ち主や、身体が弱かったりスポーツが嫌いな生徒、社交嫌いや人見知りには、寄宿生活がきわめて辛いものであることは簡単に想像できるし、パブリック・スクールのネガティヴな部分を描いた作品も存在したのはもちろんである。

先に挙げた『神の賜物』もその一つと言えるが、パブリック・スクールが決して理想の場所ではないことを率直に描いた作品として最も有名なものの一つは、一八九九年に出版されたラドヤード・キプリング(一八六五〜一九三六)の学校小説『ストーキーと仲間たち』だろう。キプリングは、オオカミに育てられた少年を書いた一連の物語『ジャングル・ブック』(一八九四年)によって知られているが、他にも多くの小説、物語そして詩を書いている。彼はインドに生まれ、イギリスで教育を受けた。一八七八年にデヴォン州のユナイテッド・サーヴィス・コレッジに入学したが、この学校は、軍人の子供のために一八七四年に創立された、新しいパブリック・スクールだった。『ストーキーと仲間たち』は、キプリングのここでの学校生活をもとに書かれた短編集である。

この作品は注目を集めたが、その評価は決して好意的なものではなかった。ジョージ・サンプソンという評者は「不愉快な学校に在籍する不愉快な少年達についての不愉快な本」と書き（『コンサイス・ケンブリッジ英文学史』一九四二年）、サマセット・モーム（一八七四〜一九六五）は「これほどおぞましい学校生活の描写はかってなかった」と嫌悪感を示した。また、小説家で詩人のロバート・ビュキャナン（一八四一〜一九〇二）は文芸誌『コンテンポラリー・レヴュー』で憎悪とも思えるような感情をむき出しにして評した。

『ストーキーと仲間たち』のような作品を書けるのは、獣と化した公衆に甘やかされた人間だけである。〔中略〕引用だけでは、人間の姿をした三人のこの小さな悪鬼を描いたこの本の身の毛もよだつほどのおぞましさを示すことができない。読者は直接この本を全部読まない限り、この本の、真に嫌悪すべき性質を理解することはできないだろう。〔中略〕どのページにも品のなさ、残忍さ、そして野蛮さが溢れているのである。

(『コンテンポラリー・レヴュー』第七六巻、一八九九年)

ひねくれた主人公

ビュキャナンのこの過剰なまでの反応は、逆に作品を読めという宣伝のようにも見えてくる。ではどんなに過激な作品なのかと好奇心や期待も高まるようだが、現代の感覚で読むと、評者のリアクションのほうが不思議に思えてしまうほど、特にどうということのない物語集に思える。主人公のストーキーとマクターク、そしてキプリング自身がモデルであるとされるビートルの三人組は、確かに生意気で小賢しい。上級生にはきちんと敬意を示さないし、学校の外では、店主など自分たちより下の階級の者に失礼な態度をとったりと、嘆かわしい点が多い。そういう意味では、トム・ブラウンのように、欠点はあるものの正義感に溢れる情熱的な「紳士」ではないことは確かだが、いたって人間的であり、いかにもこの年頃の少年がしそうな悪戯や娯楽にふけっているにすぎない。例えば、あることから、ストーキーたちは下級生である三年生に復讐を企てる。

彼ら〔三年生たち〕は、いつもの土曜日の晩の仕事に夢中だった。錆びたペン先を使ってガスの火で雀を料理している者、薬壺にあやしげな飲み物を調合している者、折りたたみ式ナイフでモグラの皮を剝いでいる者、紙のトレーに飼っている蚕の世話をしている者、上級生の至らぬ点について、彼らの両親が聞いたら驚愕するような遠慮のなさと流暢さで話をする者。

攻撃は突然だった。ストーキーは小さな少年たちの一群を、調理器具ともどもひっくり返した。マクタークは、テリアがウサギの穴を掘り起こすような様子で、雑然としたロッカーを漁った。そしてビートルは、スミス・ラテン語辞典でまわりの頭を殴り、手が届かない頭にはインクを投げた。ほんの三分でたくさんの蚕、ペットの幼虫、フランス語の宿題、学帽、描きかけの頭蓋骨、そしてお手製のりんぼくの実のジャムが一ダース破壊された。大いなる破壊であり、三年生の部屋はまるで三つの、互いにぶつかり合う嵐が襲ったかのようになっていた。

（ラドヤード・キプリング『ストーキーと仲間たち』「ランプの奴隷」一八九九年）

この本は独立したエピソードからなる物語集で、どの話も、このような少年たちの悪戯や競争、知恵比べなどの単純なものである。

また彼らはしばしば、それまでの「学校物語」を皮肉な調子で引用したり揶揄したりする。特に第二章でとりあげた、F・W・ファラーの『エリック』は彼らのやり玉に挙がった。「ランプの奴隷」第一部では、ストーキーとその仲間たちは、メイソンという名の新任の数学の教師をいびるが、その教師を『エリック』を読むような繊細な人間だと嘲笑するのである。

パブリック・スクールをネガティヴに書いた作品が他にもあったのはこれから紹介するとおりだが、それらの作品はどこか稚拙であったり、登場人物やプロットに今ひとつ惹きつける力が足りなかったりと、現在ではほとんど読まれていない。出版された当初はあれだけの反発を招いても、『ストーキーと仲間たち』は現代でも出版され、読まれている数少ない十九世紀学校物語の一つである。ストーキーを始めとする少年たちや、彼らの会話、そして悪戯や活動を生き生きと描く、キプリングのストーリーテラーとしての才能が大きな要因なのだろう。

マキアヴェリ的な生徒たち

『ストーキーと仲間たち』に描かれている学校は比較的新しいパブリック・スクールであり、伝統的なパブリック・スクールとは異なる点も多かったらしいが、イートンのような伝統的なパブリック・スクールにおける偽善とエリート主義を批判するような作品も書かれた。

作家でスキー選手、そして登山家でもあったアーノルド・ラン(一八八八～一九七四)の一九一三年の小説『ハロウ・スクールの生徒たち――パブリック・スクール・ライフの物語』は、伝統的なパブリック・スクールを批判した最初の小説だと言われている。これは一九〇二年から〇六年までハロウ・スクールの生徒だった作者が当時つけていた日記に基づいて書かれたということで(そのことは冒頭の、著者による献辞に書かれている)、信憑性もある上に、作者が特に過激な非難や批判を表明せず、学校生活を淡々と書いているかたちになっているので、かえって読む者に衝撃を与えた。

物語は主人公のピーター・オニールがハロウに入学したときに始まり、彼の卒業までの学校生活をたどるという、典型的な学校物語のスタイルに則っている。しかし従来の学校物語のヒーローとは違って、ピーターはスポーツが苦手であり、学校の人気者とはならない。代わりに勉強ができることで、彼は他の者よりも早く上級に上がり、上級生の権限を与えられる。ピーターは何か口実を見つけては下級生を使い走りにやり、ささいなことで下級生を鞭打つ。

ピーターは自分の本来の地位を認めようとはしなかった。彼はしょせん取るに足らない人間であり、ずるがしこさによって、本来ならば筋骨たくましい野蛮人が得るべき権限を手にしただけであった。彼は哀れな下級生がすぐさま返事をするのを聞く喜びを得るためだけに、「ボーイ!」と下級生を呼んだ。そして必要以上に鞭打ちを行なった。

(アーノルド・ラン『ハロウ・スクールの生徒たち——パブリック・スクール・ライフの物語』一九一三年)

だが、ピーターはこの作品で英雄視されてはいないものの、軽蔑に値する悪漢として描かれているわけでもない。パブリック・スクールの生活をうまくきりぬけていく、普通の少年の姿として示されているのである。ピーターやその同級生たちは、禁じられている参考書を当たり前のように参照し、教師の特徴や弱点を押さえて、それをうまく利用する。この作品の各章の冒頭に他の作品からの引用があるが、そのうちの三つがマキアヴェリからの引用であるのも偶然ではない。

侮辱に耐えるという「成長」

物語の終わり近くでは作者は、ピーターの成長を次のように分析する。

もし彼が家で家庭教師の教育を受けていたならば、愚かな自意識をもち、侮辱を予期したり我慢したりする能力がないまま成長し、知らない者たちの中で常に居心地の悪い思いをしたことだろう。しかしハロウは、彼の性格を強くした。最初の数年は肉体的な忍耐を学んだ。誰かから蹴られることを何とか我慢することを覚えた。しかし今学期はより良いものを学んだのだ。それは道徳的な自立だ。

ランは、ピーターが学んだ「道徳的な自立」とは、自分を嫌っている人たちがいても、平気でいること、聞こえよがしの嫌みを耳にしても動じないこと、悪意のまなざしが向けられても表情を変えないこと、だという。そして次のようにしめくくっている。

その後の人生でピーターは人に嫌われても平気であり、大きな侮辱にも動じない人間だという評判を得た。生まれつき繊細な少年がこのような評判を得ることができたのは、パブリック・スクールの訓練が道徳的価値観にもたらす驚くべき成果なのである。

『ハロウ・スクールの生徒たち』は出版された当時はベストセラーとなったが、激しい批判も得た。ランは自分がそれまで読んだ学校物語に現実味がないことを不満に思っていたと、イザベル・クイグリーは学校物語を扱った著書『トム・ブラウンの後継者たち――イギリスの学校物語』で書いている。この作品が人気を得たのは、前にも書いたとおり、その「信憑性」のためでもあるし、「現実味」のためでもあったが、その分、パブリック・スクールを理想化する卒業生や読者からの拒否反応も強かったのだろう。それは次に扱う作品『若さの機《はた》』にも当てはまる。

禁書になった『若さの機』

『ハロウ・スクールの生徒たち』が出版された四年後には、作家アレック・ウォー(一八九八〜一九八一)がパブリック・スクールのシャーボーン・スクール(一五五〇年創立)をモデルにした『若さの機』(一九一七年)を発表し、評判と非難を集めた。アレック・ウォーは作家イーヴリン・ウォー(一九〇三〜六六)の兄で、一九一六年、十七歳の時にこの小説を書いた。その時彼は第一次世界大戦従軍のための士官訓練を受けていて、その忌まわしい現実から逃避するために、楽しかったパブリック・スクールでの生活を回想して書いたのだと、一九五五年に再版された際の序文で書いている。

あそこで過ごした四年間はとても楽しい時だった。私はパブリック・スクールの生活から最も恩恵を受けるタイプの少年だった。（アレック・ウォー『若さの機』一九五五年版序文）

そのような愛校心溢れる卒業生が書いた小説が、パブリック・スクールに対するひじょうに激しい、致命的ともなり得る攻撃として受け取られたことは興味深い。ウォーの原稿は二つか三つの出版社に断られた後に、一九一七年七月に出版された。戦時中の常として小説の需要が大きく、特にその夏は他に小説があまり出ていなかったこともあってか、出版された当時は評判が良く、好意的な書評が多く書かれた。しかし秋になって新学期が始まると、ウォーの序文の言葉を借りると次のような現象が起こっていた。

イギリスのパブリック・スクールの寮長のうち半分は、机の上に、生徒の親からの手紙が山積みになっているのを発見した。彼らは大事な息子のボビーが、あの恐るべき本に書かれているような誘惑にさらされていないことを請け合うようにと要求していた。教師たちは自己防衛のために攻撃に出て、十一月半ばにはこの本は激しい論争の的になっていた。

多くの学校で禁止され、読んでいるのを見つかった生徒は鞭で打たれた。

狡猾な生徒たち

この小説の主人公のゴードン・カラザーズは、入学したときには自分の居場所が見つからずにみじめな思いをするが、徐々に学校になじんでいく、という典型的な学校物語のヒーローのような人物である。しかし『ハロウ・スクールの生徒たち』と同様、従来の学校物語と違うのは、ゴードンも同級生たちも、禁止された参考書を使ったり、試験の時に他の生徒の答案を写すなどの不正をし、しかもそれを目的を果たすための正当な手段とみなして、まったく恥じることがない点である。

例えばゴードンの同級生マンゼルは、提出していない課題を提出したと言い張り、自分がそれをなくしたのだろうと思った教師から平均点をもらうことに成功する。

その夜、第十六学習室では笑いが起こっていた。数週間前だったら、ゴードンはこのような事柄にショックを受けていただろう。しかし今は見事なジョークのように思えた。自分ならば不正はしないだろう。自分の能力で相手を打ち負かしたいから。でもマンゼルならば、ズルを見破る経験を積んだ教師を相手にするほうが、鈍い生徒を競争相手にするよりよっぽど大変だと言うだろう。どちらにしてもパブリック・スクールの制度は生徒たちに、自分たちの欠点を隠すためのきわめて巧妙な手段を教えてくれるのだ。

（アレック・ウォー『若さの機』一九一七年）

自分は不正をしないと思っていたゴードンだが、学校に慣れるにつれ、自分も不正を始める。彼はスポーツが得意なので、学校の人気者になるが、ちょっとしたスランプでスポーツが不調なときは、人気を得、注目を集めるために、授業中にふざけたり、いたずらをしたり、規則を破ったりする。ゴードンとその友達は、上級生になればなるほど、手抜きをして好きなことができる、と宣言する。

パブリック・スクールの生徒を信頼しちゃいけないよな。信用なんかしたら、つけこまれるだけだ。それなのにパブリック・スクールの制度がいいものだと言っている奴らがいるんだ！

『ハロウ・スクールの生徒たち』もそうだが、この作品では、生徒たち自らが、パブリック・スクールの理想像を否定し、従来の学校物語を嘲笑する場面が何度も出てくる。運動至上主義や、運動ができる人間が学校の有力者になる制度も批判されるし、前章で紹介したベイデン＝パウエルがボーイ・スカウト運動のかたちで広めようとしたパブリック・スクールの美徳については、「理想化された記憶の中のもの」と一蹴されるか、あるいは「学校での成功が人生のピークで社会に出てからはぱっとしない人間がよりどころとする幻想」としてあしらわれる。主人公のゴードン自身も、パブリック・スクールの学校生活を楽しみながらも、「個性を消そうとして、自分たちをみんな同じ人間にしようとして、自分で考えることを妨げようとする」パブリック・スクールの欠点を認める。上級生になると彼らは「スポーツを必修にすべきか？」というテーマでディベートを開催し、「必修にすべきでない」側に立って、圧勝する。学校の人気者であり、学生生活を満喫しているはずの生徒たち自身が、パブリック・スクールの伝統と理想を覆そうとしている様を描いたこの小説が、パブリック・スクールを理想化する卒業生や支持者に非難されたのも不思議はない。

問題視された同性愛

しかしこの作品で最も危険視されたのは、生徒どうしの愛情の描写であろう。この小説を読んだ親たちを危惧させた誘惑というのも、まさにそのことであった。それまでの学校物語にも生徒どうしの友情は描かれていた。『トム・ブラウンの学校生活』でも、トムが自分とは正反対のタイプのアーサーという少年と親密になって、良い影響を受けたのはすでに書いたとおりである。

また、H・A・ヴァチェル(一八六一〜一九五五)の一九〇五年の小説『ザ・ヒル』はハロウ・スクールでの生徒どうしの深い友情を描き、「友情のロマンス」という副題さえついているが、ヴァチェルは少年どうしの親密な関係を完全に無邪気なものとして書き上げている。作家ロバート・グレイヴズ(一八九五〜一九八五)はその自伝の中で、次のような逸話を紹介している。

チャーターハウス・スクールの校長、G・H・レンダルは、学校長協会の会議で、「うちの生徒たちは愛するが(amorous)、滅多にエロティックなことはない」と無邪気に語ったということだ。

(ロバート・グレイヴズ『さらば古きものよ』一九二九年)

グレイヴズはここでレンダルのナイーブさを揶揄しているのだが、実際、そう無邪気ではない関係も頻繁にあったことはもちろんで、上級生が下級生に目をつけて部屋に誘う、あるいは「愛」もなくて、完全に性欲を満足させるための関係を少年どうしが築くといった事柄も行なわれていた。

こういう関係を恐れた教師がとった解決法の一つはスポーツだった。例えばイートンでは、一八六八年から八四年まで校長を務めたジェイムズ・ホーンビー(一八二六〜一九〇九)は、同性愛行為の増加に対する措置として、スポーツの時間を増やしたということである。

しかしスポーツが逆に性的な刺激となることも同時に心配された。一八八七年にラグビー・スクールの校長として着任したジョン・パーシヴァル(一八三四〜一九一八)はラグビーのユニフォームの短パンの長さを膝の下まで伸ばし、ゴム紐でとめるようにさせた。少しでも脚の露出量を少なくしようとしたこの試みのおかげで、この校長には「膝のパーシヴァル」というニックネームがつけられたという。また、ウェリントン・コレッジという、一八五九年に創立された学校では、初代校長で後のカンタベリー大主教エドワード・ベンソン(一八二九〜九六)は生徒の寝室のベッドを仕切るために設置された壁(シャワー・ブースのような仕組みになっていたと思われる)の上部に、鉄条網を敷かせた。ちなみに彼の息子はイギリスではひじょうに人気のある大衆小説家で、恐らく同性愛者だったとして知られているE・F・ベンソン(一八六七〜一九四〇）である。鉄条網までいかないにせよ、他の学校でも、生徒たちが寝室を抜け出したり、他の寮の学生に会いにいったりすることは禁止されていた。

性愛の表現

アレック・ウォーの小説は、こうしたタブーに触れているのである。例えば第一巻の第五章では、ゴードンの友人のジェフリーズが突然退学になる。理由を尋ねるゴードンたちに、ジェフリーズは次のように答える。

「校長が僕とフィッツロイの関係を知っちゃったんだ。それでおいだされるのさ」
「君たちはそういう関係だとはわからなかった」とゴードンは言った。「ただの……」
「いや、そういう関係だったんだよ」

マンセルは「不公平だ！」と声を上げる。上級生はみんなやっていることなのに、と憤慨すると、ジェフリーズも答える。

「たしかに不公平だよ。僕をこうしたのはこの学校じゃないか？　二年前に来たときには、僕だってここにいるカラサーズと同じくらい無邪気だったよ。何にも知らなかった」

そしてこの「無邪気な」ゴードンも上級生になると、モーコムという名の下級生に興味をもち、親しくなる。二人が熱く詩を語る様子などが描かれているが、それ以上のことについては、かなり婉曲な言及があるのみである。

この友情によってゴードンは暗い十二月の日々を耐えることができた。〔中略〕歴史を勉強している筈の午前中の長い朝の時間に、快楽の熱い水に身を任せたいという衝動を何度も覚えることがあった。〔中略〕そのような生活に陥ってしまうことは実にたやすいことだと気づいた。誰も気にとめないだろう。自分の地位は変わらない。誰も自分を悪く思うことはないのだ。もちろん、見つからなければ、だが。もし見つかったらみんなに非難されることだろう。それが許されざる罪なのだ。見つかるということが。でも見つかることはひじょうにめずらしかった。そしてそこに陥ることはあまりにもたやすいのだ。自分も少し我を忘れてもよいだろう。

きわめて曖昧な表現が使われているが、これが性愛を指していることは明らかだろう。ウォーは一九五五年版の序文で、当時衝撃的だと思われていた箇所も、現在の、より直接的な表現に慣れてしまっている読者にとっては、それがどこだか分からないほど、どうということがなくなったと書いている。

『アナザー・カントリー』──同性愛と復讐

しかし表現はどうであれ、「パブリック・スクールにおいてはひそかな同性愛的行為はめずらしいものではなく、見つかることが罪なのだ」という感覚が変わっていないのは、ウィンチェスター・コレッジ出身の劇作家ジュリアン・ミッチェル（一九三五〜　）が書いた一九八一年初演の戯曲『アナザー・カントリー』を見ても分かる。初演時はルパート・エヴェレットが主役を演じたが、その後ケネス・ブラナーやダニエル・デイ・ルイス、コリン・ファースなどが主要な役を演じており、一九八四年の映画版にはルパート・エヴェレットとコリン・ファースが出演している。今でも人気のあるイギリスの俳優たちが登場するこの映画は、日本でもちょっとしたブームを巻き起こした。

主人公のガイ・ベネットは「ケンブリッジ・ファイブ」の一人、ガイ・バージェス(一九一一〜六三)にヒントを得たものだった。「ケンブリッジ・ファイブ」とは、ソ連へ機密をもらしたケンブリッジ大学出身の五人のスパイの呼び名である。映画は、老人となったガイ・ベネットをモスクワに尋ねたジャーナリストが、彼を取材するところから始まる。ガイ・ベネットは、自分がスパイになった「背景」として、パブリック・スクール時代のことを話しはじめるのだ。モデルのバージェスはイートンの卒業生であり、『アナザー・カントリー』の舞台も、はっきりと名前は出ていないが、イートン・コレッジ、もしくはウィンチェスター・コレッジが想定されている。

そこでは生徒どうしの恋愛はめずらしくない。むしろ、上級生に「愛され」、気に入られ、学校の役職につくことが、その後の人生の成功に繋がるとされている。だが、関係が見つかると、制裁は免れない。いかに関係をうまく隠して立ち回るかが重要なのである。ガイ・ベネットもまた、そのような「出世コース」をめざしているのだが、他の寮の学生と真剣に恋に落ちてしまい、友人の忠告を聞かずに逢瀬を重ねるうちに、彼らの関係が見つかってしまう。自分自身上級生でありながら、最上級生から鞭打ちの罰を与えられるという屈辱を経験し、監督生への道、ひいては目指していたフランス大使への道を断たれたガイは、友人で共産党にかぶれ、つねづねイギリスの階級社会を批判していたジャッドの影響もあり、復讐としてソ連のスパイになる。閉鎖的なパブリック・スクールから追放された者(精神的な意味においても)は、最終的には自国を売るところにまで行き着くのである。

フリー・シネマ『If　もしも….』

もう一つ、言わば「反パブリック・スクール」の作品としてイギリスでよく知られているのが、一九六八年に公開されたリンジー・アンダーソン(一九二三〜九四)監督の映画で、一九六九年にカンヌ映画祭でグランプリを受賞した、『If　もしも….』である。監督のアンダーソンは陸軍士官の息子としてインド南部に生まれ、一八四一年に創立されたパブリック・スクール、チェルテナム・コレッジで教育を受けた。この学校はパブリック・スクールとして新しいだけでなく、株式会社として設立されており、チェルテナムの町の住民たちが株主だった。と言っても株主は「紳士」に限られており、「商人」は排除された。アッパー・クラス出身の生徒たちが中心のイートンのような伝統的なパブリック・スクールではなく、特に軍隊の士官を中心とするアッパー・ミドル・クラスの息子のための学校だったが、「紳士教育」というパブリック・スクールの伝統が踏襲されているのはもちろんだった。

アンダーソンはこの学校を卒業した後、オックスフォード大学で英文学を専攻したのち、一九五〇年代半ばに生まれた「フリー・シネマ」と呼ばれるジャンルの創始者の一人となる。フリー・シネマとは、イギリスの映画界は、階級意識やこだわりから解放された作品を作っていくべきだ、という考え方が中心となっている。もともとはドキュメンタリー映画が中心だったが、トニー・リチャードソン(一九二八〜九一)監督の『怒りをもってふり返れ』(一九五九年)、『長距離ランナーの孤独』(一九六二年)や、アンダーソンの『If もしも…』もそのジャンルに数えられる。

反抗する主人公

この映画は日本では一九六九年に公開されたが、あまり知られていないようなので、内容を少し詳しく紹介したい。舞台はある架空のパブリック・スクールである。映画のロケには監督の母校であるチェルテナム・コレッジが使われ、当時在学中の生徒たちがエキストラとして出演したが、脚本を書いたデイヴィッド・シャーウィンは、自分が在学していたトンブリッジ・スクール(一五五三年創立)での経験をもとにして書いたという。

映画は、新学期、生徒たちが大きなトランクを持って寮に戻ってきて、荷ほどきをしているシーンから始まる。上級生に呼ばれて下級生たちが駆けつけ、用事を言いつけられる。何も知らない新入生が上級生を「サー」と呼んで注意される。生徒たちは冗談を言ったり互いをこづき合ったりしながらも、各部屋の責任者の監督のもとに片付けをしている。典型的な、パブリック・スクールの学期始めの光景である。

そこにトランクを抱えた主人公のマイケル・トラヴィスが、顔をマフラーで隠して入って来る。マフラーをとれと言われても従わず、友人と共用の書斎に逃げ込む。そこでようやくマフラーをはずすのだが、トラヴィスは口ひげを生やしていたのだ。もちろん学校ではひげは禁止されていており、そり落とすことになるのだが、こうして彼の反抗心がまず明らかにされる。

夕食では、生徒はまた互いに軽口をたたき、こづきあったりしているが、上級生の監督生たちが入室すると沈黙する。監督生は教師も顔負けの威厳でもって、「去年はこの寮の評判がひどかった。今年、寮の名を落とすような生徒がいたら、ただではおかない」と説教する。寝る時間になると、監督生は各寝室を回り、全員がベッドに入って寝る準備をしていることを確かめる。特別なベストを着用して、棒を持って厳かな表情で歩き回る監督生に、下級生は大人しく従うが、上級になるとそうはいかない。彼らは一応監督生の言うことはきくが陰で悪口を言ったり、生意気な顔つきをしてみせたり、せいいっぱいの抵抗を見せるのである。

恐るべき復讐

厳しい規則や監督のなかで、トラヴィスとその友人たちは書斎でウォッカを飲んだり、寮対抗のラグビーの試合で、自分の寮の応援をしなければいけない時に、こっそり町に出てオートバイを盗んで若い娘と遊んだりと、反抗的な行動を繰り返す。

ある日、とうとうトラヴィスとその友人二人は監督生に呼ばれ、「態度が悪い」ということだけで鞭打ちの罰を受ける。トラヴィスたちは監督生ではないが、彼らと同じ、最上級生なのである。特に何か悪事が露見したわけではないのに（バイクの件は学校には知られなかった）、同級生から罰を受けるという屈辱を受けたことになる。そして、三人は復讐を企てる。彼らは町で知り合った若い娘と共に、ひそかに銃と弾丸を用意するのだ。そして創立記念日で、生徒の両親や王室のメンバーなど、お偉方が招かれて礼拝が開かれている最中に、銃撃を始めるのである。学校側も、士官候補生の訓練用の銃で反撃し、激しい銃撃戦が繰り広げられる。トラヴィスたちを説得しようとする校長は撃たれて倒れる。銃撃戦が続く中、トラヴィスの顔がアップになり、スクリーンが真っ黒になって、真っ赤な字で書かれたif…という言葉が表われて映画は終わる。

パブリック・スクールの特殊性は、映画『If　もしも….』に描かれるような、暴力的で過剰な反乱が起こることもまったくありえなくはないかもしれないという感を抱かせる。この映画のようにパブリック・スクールの「裏側を描いた」作品は、そこが古典とスポーツが過度に重視される、閉ざされた、排他的な空間であることを強調している。アンダーソンの映画は知られていても、イギリスでは人気があるこの作品が日本ではほとんど知られていないのは、日本の観客が、イギリスのパブリック・スクールの文化に馴染みがないということが原因なのかもしれない。しかしイギリスにおいては、今まで書いてきたように、パブリック・スクールに無縁の大多数の人々の間でも、「パブリック・スクール」のイメージが、よくも悪くも形成されているのである。

第4章

女子のパブリック・スクール

チェルテナム・レイディーズ・コレッジ

結婚に必要な「たしなみ」

「女子の教育について最も重要で基本的な事実の一つは、それが十九世紀の半ばまではほとんど存在しなかったことだ」と、ジョナサン＝ゲイソーン＝ハーディはその著書『パブリック・スクールという現象』の中で書いている。十二世紀までは、娘を修道院に入れてラテン語の教育を受けさせる貴族が、かなり少数ではあっても存在したことをゲイソーン＝ハーディは指摘している。ヘンリー一世の王妃だったマティルダの母親が読書家であり、マティルダは当時の女性には珍しくラテン語を読むことができたため、その影響で自分の娘にラテン語を教える貴族がいた。しかし、マティルダが一一一八年に死去してからはその「流行」も廃れ、教育を受ける女子の数は減少したとのことである。

その後、十八世紀までは、アッパー・クラスおよびアッパー・ミドル・クラスの女性は「たしなみ accomplishments」と呼ばれる、結婚相手を見つけるために必要とされた様々な技能を家で教えられるのみだった。この「たしなみ」の内容もまた曖昧なものであった。例えばジェイン・オースティンの『高慢と偏見』では、「たしなみ」に関して議論が繰り広げられる。

「たしなみがあると女性が言われるためには音楽、歌、絵、踊り、そしてフランス語とドイツ語の完璧な知識を得ている必要があります。そしてさらに身のこなしと歩き方、声や話し方、そして表現に、言葉では表わせない何かがなければ、たしなみがあるとは言えません」

（ジェイン・オースティン『高慢と偏見』一八一三年）

と述べるミス・ビングリーに、この小説のヒーローのダーシー氏は次のようにつけ加える。

「そう、それをすべて取得している他に、さらにもっと価値のあるものが加わっていることが必要です。多くの本を読むことによって、知性を磨いていなければならないのです」

二人のこのやりとりを聞いて主人公のエリザベスは「そんな女性がいるとしたら驚きですわ」と口を挟んで、二人を憤慨させる。ミス・ビングリーは恋敵のエリザベスのこの発言について、エリザベスが部屋を出たとたんに、「あの方は、同性をこき下ろすことによって、殿方を喜ばせようとするタイプのお嬢さんのお一人なのね。それでうまく行くことが多いんでしょうね。でも私に言わせてもらえば、ずいぶん浅ましい手段だわ」と悪口を言う。

退屈な社交

しかし踊りや歌が上手で、フランス語が少しばかり話せて、歴史や地理などについて表面的な知識を得ていても、「知性がある」と言えるような女性が少なかったことは、オースティンの書簡集からも読み取れる。姉のキャサンドラに宛てた手紙で、オースティンは舞踏会やその他の社交の様子を細々と書き送っているが、その場の会話がいかにつまらなかったかという不満が多い。

水曜日——昨夜もまた退屈な集まりでした。もっと大勢の人がいたならもう少し我慢ができるものだったかもしれませんが、カードゲームの組を一つ作って〔この場合のカードゲームは四人一組となる〕、あとの六人は見物して互いにくだらないことを言い合うという状況でした。

（一八〇一年五月十二〜十三日付書簡）

もっとも、オースティンの周りでくだらない話しかできないのは女性に限ったことではなく、彼女と同等の鋭い洞察力と機知を持ち合わせる人物はそう多くはなかったと思われるが、書簡を読む限りでは、社交の場で知性的な会話を楽しむという経験はそう多くはなかったようだ。

表面的な知識vs.生まれつきの良識

このような表面的な「たしなみ」の教育は、例えば一八一四年に出版された『マンスフィールド・パーク』に描かれている、バートラム姉妹の教育の記述においても揶揄されている。

「おば様、私たちはずいぶん前から、イングランドの王様を年代順に暗唱して、即位の年と、統治期間の主な出来事を言うことができましたよね！」

「そうよ」、ともう一人がつけ加えた。「それからローマの皇帝についてはセウェルスまで遡って言えたわ。それに異教徒の神話と、金属と、半金属と、惑星と、著名な哲学者の名前も言えたわ」

（ジェイン・オースティン『マンスフィールド・パーク』一八一四年）

引き取られてきた貧しい従妹のファニー・プライスに比べて、自分たちがいかに教養があるかを自慢するバートラム姉妹は虚栄心が高く、自制心や規律、そして良識や道徳心にも欠けていることが後に判明する。また、近くの牧師館に滞在し、見事なハープの腕を披露する魅力的なメアリー・クローフォドは、その数々の「たしなみ」にもかかわらず、やはり良識と道徳心に欠陥があることが発覚して、彼女に恋をしていたエドマンド・バートラムを失望させる。エドマンドが結婚相手として選ぶのは、踊り以外には一般的な「たしなみ」を何一つ持ち合わせない、従妹のファニーなのである。ファニーはその持ち前の良識と感性をさらに、エドマンドの指導の下の読書によって磨き上げていく。『高慢と偏見』でもベネット家の長女のジェインとエリザベスのみが良識を持ち合わせており、その良識も教育の成果ではなくて彼らが生まれつきに持ち合わせているものであることを考えると(三女のメアリーは勉強家で、ピアノの練習にも励んでいるが、成果は上がっていない)、オースティンは女性の教育については、生まれつきの素養がないと無駄であると考えているかのようである。

オースティンの通った学校

オースティン自身は、主に自宅で父親の蔵書を読んで知識と教養を身につけたのであるが、学校に行っていたこともあった。九歳の時に、二つ年上の姉のキャサンドラと共に、レディイングにあるアビー・スクールという寄宿学校に入学したのである。ジェインは寄宿学校に入るにはまだ早いと思われていたが、仲の良い姉と離ればなれになることを嫌がったので、両親が折れたと言われている（なお、現在レディングにアビー・スクールという女子寄宿学校が存在するが、これは同じ場所に一八八七年に建てられた、別の学校である）。しかしオースティン姉妹は翌年には退学して家に戻っており、その後は学校に行くことはなかった。その理由は明らかではないが、どちらかというと経済的なものだったのではないかと考えられている。

これらの学校は男子校についての章でも触れた、いわゆる「プライベート・スクール」、つまり私塾であり、生徒の数も少なく、そこで教えられている内容や学校の方針もまちまちで、国からの規制もなかった。オースティンの『エマ』には、当時の様々な種類の女子校について簡潔に説明されている。

ゴダード夫人は学校の先生だった。その学校は、「学院 seminary」ではなく、「学園 establishment」でもなかった。「自由な教養と優雅な道徳観を、新しい理論と新しい制度のもとに指導します」などといったことを、中身のない気取った文章で長々と説明しているところではないし、高額の学費を払うことによって、若い淑女の健康を損ね、虚栄心を培うような場所でもなかった。それは本物の健全で古風な寄宿学校であり、手頃な値段で、手頃なたしなみが提供されるところだった。実家の邪魔にならないようにと少女たちはそこに送られ、少しばかりの教育を得るが、天才児になってしまう危険のない場所だったのだ。

（ジェイン・オースティン『エマ』一八一五年）

オースティン姉妹が少しの間入っていた学校もまた、このゴダード夫人の学校のような、「健全で古風な寄宿学校」であったことが推察される。ジェインとキャサンドラの他に五人の息子を抱えていたうえ、牧師である夫の教え子の面倒を見なければならなかったオースティン夫人は、娘たちを「邪魔にならないように」学校に入れたのであろう。『エマ』におけるゴダード夫人の学校には、そのような家庭の娘たちの他に、エマが目をかけて世話を焼くハリエット・スミスのように、実の父親がこっそり学費を払っている、私生児のような「訳あり」の生徒も所属していた。第一章に書いた、『ニコラス・ニクルビー』のドゥーザボーイズ・ホールを思わせるが、ゴダード夫人の学校はまるで違っていた。彼女は子供たちにたっぷりと良質の食事を与え、気候の良い時には外で運動させ、母親のように彼らの面倒を見ていた。ドゥーザボーイズ・ホールと違うだけではなく、もっと「まともな」男子用のパブリック・スクールとも性質が違うのは明らかである。男子用のパブリック・スクールは、すでに見たように、アッパー・クラスやアッパー・ミドル・クラスの家の息子を過酷な環境で心身共に鍛えるという目的があったが、女子の場合は違っていた。

様々なタイプの女子校

このような私塾を舞台に、小説も書かれていた。実は子供を読者として想定した小説のはしりとも言われ、最初の「学校物語」として現在認められている作品は、男子のパブリック・スクールものではなく、女子の学校を描いたものなのだ。それはセーラ・フィールディング（一七一〇〜六八）の『ガヴァネス、または女性のための小さな私塾』（一七四九年）という題名で、若い女性のための私塾を描いている。セーラ・フィールディングは、小説家、劇作家として有名なヘンリー・フィールディング（一七〇七〜五四）の妹であり、自分自身もルックス夫人という人物の経営するソルスベリーの私塾に入れられた経験があった。

舞台は、ティーチャム夫人という牧師の未亡人が、経済的な理由から始めた私塾である。私塾の先生とは言え、ティーチャム夫人は立派な教育者で、すべての生徒にきちんと目をかけたいので、生徒は九人までしかとらないと決めている。欠員待ちの人気のある私塾だが、そこに通う生徒たちはやはり親や保護者を亡くしているなどの事情を抱えている。当時の子供用の物語の例にもれず、内容は教訓的なものだが、おやつのリンゴをとりあって少女たちがとっくみあいをするなど、若い読者を喜ばせる工夫も見られる。

一方、高額の学費で「淑女教育」を施すタイプの学校も存在した。そういった学校では男子校の場合と同様、上昇志向の商人などが娘を「淑女」として通用させるために入学させる、というケースが増えていった。ゲイソーン＝ハーディはこれらの学校について、「十八世紀の末にはその数は「数え切れないほど」になっていた。学費がきわめて安いものもあったが、年間五百ポンドのものもあった。当時のイートン・コレッジよりも高額な学費である」と書いている(『パブリック・スクールという現象』)。しかし興味深いことに、後に「女子パブリック・スクール」として知られていくようになるのは、このタイプの「淑女教育」のための学校ではなく、実は家庭教師を養成するための学校だったのである。

家庭教師の養成学校と女子パブリック・スクール

経済力のあるアッパー・クラス、アッパー・ミドル・クラスの家庭では、息子たちをパブリック・スクールにやったのとは異なり、娘たちについては、「淑女教育」の学校がいかに増えようと家におき続けた。そして住み込みの家庭教師（ガヴァネス governess）をつけたのである。『マンスフィールド・パーク』のバートラム姉妹は、准男爵の令嬢としてまさにそのような教育を受ける（一方、『高慢と偏見』のベネット姉妹は、ジェントルマンの娘達でありながら、経済的な理由と、父親の無頓着から、家庭教師をつけられていない）。家庭教師は使用人とは違い、雇い主と同じく紳士淑女の階級の出身でなければならなかったが、経済的な理由で働いているという事情から、雇い主の家の使用人からは蔑まれ、かと言って使用人の仲間に入ることもできず、孤独でみじめな存在であることが多かった。また、家庭教師自身もろくな教育を受けていない場合も多かった。女性の教育の改善は、そんなアッパー・ミドル・クラスの淑女を教える家庭教師によりよい教育を施す、という名目から始まるのである。

十八世紀の終わりには、フェミニストの先駆者と言われるメアリー・ウルストンクラフト（一七五九〜九七）のように、女性が男性と同等の教育を受ける権利を主張する人物もいたが、実際の教育の現場には影響を及ぼすことはできなかった。前章で説明したように、パブリック・スクールを出た男子はその多くがケンブリッジ、オックスフォードの両大学へ進んだが、女子は受け入れられなかった。イギリスには長く大学はその二つしか存在しなかったが、一八二〇年代や三〇年代には、新しく大学が設立された。そこでは家庭教師教育の必要が主張され、二六年に創立されたロンドン大学のユニヴァーシティ・コレッジでは二八年から女性が講義を聴講することが許された。

また、一八四三年には「家庭教師保護会」が設立され、四七年から、定期的に講演会を開くようになった。これらの講演会は家庭教師が対象だったが、それ以外の女性も参加を許されていて、かなりの人気を集めた。講演の会場は、保護会の幹事を務めていたデイヴィッド・ラングが、失業中の家庭教師を住まわせるために、ロンドンのハーリー・ストリートに買った建物だった。そして四八年にはこの建物で正式な女子教育のための学校、クイーンズ・コレッジが設立されたのである。この学校はしたがって家庭教師の養成を目的としていたが、「十二歳以上の淑女」ならば入学を許可された。これがイギリスの最初の女子パブリック・スクールであり、現在でも高い教育水準を誇っている学校である。しかし通学制であり、ロンドンの町の真ん中にあり、イギリスの学校にはめずらしく制服がないなどということから、イギリスの「典型的な」女子パブリック・スクールのイメージからは外れるかもしれない。

女子校の校長たち

この学校から、二人の有名な女子学校の創立者が卒業した。フランシス・メアリー・バス

(一八二七〜九四)とドロシア・ビール(一八三一〜一九〇六)である。バスは一八五〇年にノース・ロンドン・コリジェット・スクールを設立した。これも通学制の学校だが、一方ビールは一八五三年にチェルテナム・レイディーズ・コレッジという寄宿学校を、ロンドンの北西の温泉町、チェルテナムに開いた。このチェルテナム・レイディーズ・コレッジ、そして一八八五年に、ドロシー、ミリセントとペネロピー・ローレンスの三姉妹によってブライトンに創立されたロウディーン・スクールという寄宿学校が、イギリスにおける女子パブリック・スクールのイメージを形成したと言えるかもしれない。

これらの学校の創立者が、直面した困難や偏見が並大抵なものでなかったことは言うまでもない。彼女たちがたいへんな精神力と意志、そして強い人格の持ち主であったことから、イギリスにおける「女子校の校長」は周りを震え上がらせるような強烈な人物であるというステレオタイプが生まれるようになる。バスとビールの二人については、次のような詩まで、匿名で書かれている。

ミス・バスとミス・ビール
キューピッドの矢を感じない

なんて私たちとは違うんだ!
ミス・ビールとミス・バス

男性的な女子学生

これらの学校は、多くの面において、伝統的な男子パブリック・スクールをモデルにしていることが多かった。「中等教育の改善」を目的として、一八六四年から六七年まで設置されたトーントン卿が率いる調査委員会(第二章で触れた、トーントン・コミッション)において、次々と新しく設立された女子パブリック・スクールが、その教育水準においてはまだまだ男子校に及ばないことが報告された。そのため、女子校は学問の面で男子校に追いつこうとし、寄宿生活の様々なルールや、用語などにおいても、男子校を模倣する傾向にあった。

その結果、これらの女子パブリック・スクールでは特に「女性的」な教育や指導はなされないことが多く、男子校と同様にスポーツや運動が重要視された。チェルテナム・レイディーズ・コレッジのドロシア・ビールはスポーツで競争心をあおることを嫌い、他の学校との対抗試合を禁じたが、ローレンス三姉妹のロウディーン・スクールでは創立時に「毎日二時間から三時間が運動とスポーツに費やされる」と宣言されていた。実際はそこまで運動が重視されたわけではなかったようだが、女子パブリック・スクールの中でもロウディーンは特に運動に力を入れ、肉体的に強靱な女性を作り出すというイメージは強い。

例えばイギリスできわめて人気のあるユーモア作家P・G・ウッドハウス(一八八一〜一九七五)の『ジーヴズと恋の季節』(一九四九年)では「がっしりとして、屈強で、テニスを五セットしてもびくともしない」、ヒルダという女性が登場する。彼女は、男子パブリック・スクール生がするように男性のことを名字で呼び捨てにして、言葉も仕草もきわめて男性的なのだが、それでも恋人がいる。しかしその恋人とテニスのことで喧嘩になり、沈みこんでいるところに、恋人から謝罪の手紙が届き、有頂天になる。彼女は「こんなに嬉しいのは、ロウディーンでテニスのシングルスの試合に優勝して以来だ」と喜ぶのである。

アッパー・ミドル・クラスのための学校

しかしここで注目すべきなのは、ヒルダが住んでいる場所が、ウィンブルドンという、ロンドンの郊外だということなのである。ウッドハウスの小説の多くはアッパー・クラスの人々を面白おかしく描いたもので、彼らのほとんどは田舎の大きな邸宅に住んでいる。だが、ヒルダの住んでいる家は「ウィンブルドンの邸宅 this stately home of Wimbledon」と揶揄的に書かれている。つまりヒルダは、田舎のアッパー・クラスの令嬢ではなく、ウィンブルドンに住み地元のテニス・トーナメントに参加するような、(アッパー・)ミドル・クラスの一員なのである。

それはまた、ヒルダの通っていた女子パブリック・スクールが、このような階級の人々のためのものであることを示している。女子パブリック・スクールがもともとは家庭教師養成のために作られたことはすでに書いたが、男子パブリック・スクールと同様、生徒を集めるためには裕福なミドル・クラスの上昇志向に訴える必要があった。例えばチェルテナム・レイディーズ・コレッジの一八五四年の決議文は次のようなものである。

貴族と紳士の娘と子供のための教育施設をチェルテナムに設立して、「若い淑女と子供の教育施設、チェルテナム・コレッジ」とすること。

うたい文句として「貴族」とあるのは男子パブリック・スクールと同じだが、男子教育との違いは、実際にはアッパー・クラスの家庭の多くは、依然として娘を家におき、家庭教師をつけることを選んだということだった。

アッパー・クラスの学校観

前の章で、『神の賜物』という小説を紹介したが、その作者であり、男爵の娘で人気作家のナンシー・ミットフォードに、『愛の追求』(一九四五年)という作品がある。その中で、娘を寄宿学校に入れるかということに関して、議論が繰り広げられる。この小説の語り手のファニーは、両親が離婚してそれぞれ好き勝手な生活をしているので、子供のいないおばのエミリーに育てられる。エミリーは進歩的な考えの持ち主なので、ファニーを寄宿学校に入れているが、エミリーの姉セイディの夫であり、貴族のオルコンリー卿(マシュー)はそれが気に入らない。

マシューおじ様曰く、「可哀相なファニーの学校は(学校という言葉がこの上ない嘲りと共に口にされる)あなたが思うほどの効果を上げているといいんだけどね。少なくとも随分ひどい表現を覚えてきていることは確かだな」

エミリーおば様は冷静かつ防御的な調子で答えた。「確かにそうかもしれないわね。でも、たっぷりと教育を受けていますよ」

マシューおじ様、「教育！　教育を受けた人物はノートペーパーなんて言葉は使わないと思っていたが、可哀相なファニーがセイディにノートペーパーが欲しいと言っているのを聞いた。これはいったいどんな教育なんだ。ファニーは「ミラー」や「マントルピース」や「ハンドバッグ」や「パフューム」なんてことを口にする。コーヒーには砂糖を入れるし、ふさがついている傘を持っているし、もし幸運にも夫を手に入れることができたら、そいつの父親と母親を「お父さん、お母さん」と呼ぶんだろう。夫の苛立ちを考えてみたまえ。あの子が受けているその素晴らしい教育とやらが、そのイライラを解消してくれるかな。自分の妻が「ノートペーパー」なんて言っているのを聞いたら——なんてことだ!(中略)ホッケーなんてするもんだから脚は門柱みたいになっているし、あんなに乗馬が下手な女は初めて見たよ」

(ナンシー・ミットフォード『愛の追求』一九四五年)

オルコンリー卿が女子寄宿学校に反対する最大の理由はその「ミドル・クラス」性にあることがわかる。まず彼が批判するのは言葉づかいである。アッパー・クラスの「正しい」用法では、便箋は writing paper でなくてはならないし、鏡は looking glass、炉棚は chimneypiece、ハンドバッグは purse だし、香水は scent なのである。アッパー・クラスの家庭では、実の父親は「パパー」、母親は「ママー」(それぞれ二つ目の「パ」、「マ」を強く発音する)と呼ぶことが一般的である(ただしオルコンリー卿の子供たちは父親を「ファーザー」の省略の「ファー」)、母親のことは「セイディ」と名前で呼んでいる)。そして、義理の両親については「お父さんfather」、「お母さんmother」と呼ぶことはない。後にオルコンリー卿の娘のリンダが、ミドル・クラスの典型のような銀行家と結婚するのだが、夫の両親は自分たちを「お父さん」、「お母さん」と呼ぶようにリンダに言う。新婚で夫にまだ惚れ込んでいたリンダは最初はそうするが、その後はその呼び名を使わないですむように「あなた」と言ったり、直接話すことを避けて、ハガキや電報を使うようになる(リンダは後にこの夫と離婚して共産主義のインテリと再婚し、その夫とも別れて最終的にはフランス人の貴族と暮らすようになる)。

また、スポーツについても、女子校では普通は男子校のようにラグビーやクリケットはしないが、チーム・スポーツとしてホッケーやラクロスが奨励される。学校でそのようなチーム・スポーツに明け暮れるファニーは、アッパー・クラスの女性のスポーツである乗馬がおろそかになっているというのである。

アッパー・クラスの教養の欠如

このように、二十世紀の半ばにおいても娘を学校に入れることに関しては、アッパー・クラスにとって息子の場合のように、当然のことではなかったのである。

とは言え、オルコンリー卿はきわめて古いタイプの貴族の典型であり、女性だけでなく、そもそもアッパー・クラスにとっての教育の必要性を認めていない。自分自身、土地と共に暮らしてきた生粋の田舎の地主であり、シェイクスピアの『ロミオとジュリエット』の筋書きさえ知らない。このような「教養の欠如」を誇るのがイギリスのアッパー・クラスの特徴であり、ゲイソーン＝ハーディは『パブリック・スクールという現象』の中で、メルボーン子爵(一七七九〜一八四八)がヴィクトリア女王へ書いた言葉を引用している。

「教育について何でこんなにみんなが大騒ぎをするのかわかりません」とメルボーン卿はヴィクトリア女王に書き送った。「パジェット家の人は誰も読み書きなどできないけれど、それで何の問題もないではありませんか」

パジェット家とは一六世紀に遡る貴族の家で、優秀な政治家や軍人を出している。メルボーン卿のこの言葉には誇張があるのはもちろんだが、土地を所有することで生活が成り立つアッパー・クラスにとっては知識や教養を詰めこむ必要がないという考え方にもとづいている。しかし、何らかの職につく必要があるアッパー・ミドル・クラスにとっては、パブリック・スクールでいかに人格形成が重んじられようと、ある程度の知識や教養の取得が必要であることは言うまでもない。

社会進出するアッパー・ミドルの女性たち

そして、アッパー・ミドル・クラスの女性にとっても、特に二十世紀後半から、医師、法律家を始めとする専門職などの、同じ階級の男性がつく職業への道が開け始めると、学校できちんとした教育を受け、大学に進むことが重要になってくる。こうして、最初は家庭教師養成のために創立された女子校は、特にアッパー・ミドル・クラスの女性に、男性と同等の教育を受ける機会を与える施設、つまり女子パブリック・スクールとなっていったのである。

ジャーナリストで小説家のジリー・クーパーは一九七〇年代のイギリスの階級をユーモラスに解説した著書『クラース——イギリス人の階級』(一九七九年)の中で、「アッパー・クラス、ロウワー・ミドル・クラスやワーキング・クラスと違って、アッパー・ミドル・クラスの家庭では女の子に教育を受けさせることについて抵抗があまりない」と述べているが、女子パブリック・スクールは基本的に「アッパー・ミドル・クラスの家庭の娘の教育機関」としてのイメージが定着する。

実際は二十世紀後半になると、アッパー・クラスの家庭も、娘を女子パブリック・スクールに入れるようにはなる。エリザベス女王の長女アン王女もケント州のベネンデン・スクールという女子寄宿学校に行っていたし、チャールズ皇太子の最初の妻で第八代スペンサー伯爵の娘の故ダイアナ妃も女子寄宿学校に在学していた。女子校を舞台にした「学校物語」では、貴族の娘が必ず一人は登場するものが多い。

男子校を模倣した学校物語

女子パブリック・スクールの数が増え、そのイメージが定着するにつれて、男子パブリック・スクールの場合と同様、女子パブリック・スクールを舞台とする「学校物語」が多く書かれるようになった。そしてこれらの小説を読むと、当時の女子パブリック・スクールがいかに男子パブリック・スクールを模倣していたかがよくわかる。運動やスポーツ、学校に対する忠誠心、競争心、名誉、規律が重視される。上級生には権限が与えられ、下級生は上級生の使い走りをし、その学校の生徒にしかわからないような隠語やニックネームが使われる。男子校と違って、生徒どうしは名字でなくて名前で呼び合うが(男子校のように名字で呼び合う学校も存在した)、「シャーロット」を「チャーリー」、「ロバータ」を「ボビー」など、あえて名前を「男性風」に呼んだりする。

学校物語の筋書きも、男子のパブリック・スクールを舞台にしたものと同じように、反抗的な新入生、上級生とのトラブル、悪戯と罰、ヒロイズム、そしてスポーツの試合などが中心となる。細やかな生徒どうしの友情が描かれることも多いが、これもまた男子の学校物語に描かれるのと同様である。男子校と違って体罰や上級生からの乱暴ないじめはないものの、基本的には女子校の「学校物語」も男子校の物語の設定や筋書きを踏襲しているのである。

最もよく知られている女子寄宿学校物語の著者の一人であるアンジェラ・ブラズル(一八六八〜一九四七)に、『四年生の友情』(一九一二年)という作品がある。そこでは、主人公オルドレッドの親友メイベルが、新米の先生の授業で悪戯をして困らせた級友たちの行動を「非騎士道的 unchivalrous」と表現する。「騎士道って男の人のものでしょう?」と不思議がるオルドレッドにメイベルは「お母様は騎士道はみんなのもので、男の子だけでなく女の子ももつものだと言っているわ」と答える。

とは言え、女子校が完全に男子校を模倣しているだけでないのも明らかである。『四年生の友情』では、校長が学校の敷地に小さな家を建てて、そこで順番に生徒たちに家事と料理をさせ、客を昼食とお茶に招いてホステスとしてもてなすという訓練をさせるエピソードがある。

また、児童文学作家イーニッド・ブライトン(一八九七〜一九六八)の作品は、現在でもペーパーバックで書店に並び、広く読まれているが、そのなかでは、生徒たちが特に「女性的な」教育や訓練を受ける描写はないものの、校長が生徒たちに向かって「あなた方はいつか妻になり、母になるのですから」と言う場面が何度か描かれる。

こうして、イギリスの女子パブリック・スクールの「男性的でありながら女性的」というイメージが形成されるのである。女子の学校物語は男性版と同じく、パブリック・スクールとは無縁の階層の読者にも広く読まれ、現実逃避の娯楽となる。さらには十一歳から十八歳のアッパー・ミドル・クラスの娘たちが、男性性と女性性の両方を兼ね備えた独特の存在として、女性ばかりでなく男性の読者の想像力をも刺激したのは不思議なことではない。

詩人ラーキンの習作

女子校物語を愛読した男性に、詩人として有名なフィリップ・ラーキン(一九二二〜八五)がいる。ラーキンは、「ブルネット・コルマン」という女性のペンネームで「私たちは何のために書くのか」というエッセーを書き、そこで「女子校物語」について論じている。これを読むと、彼は当時出版されていた「女子校物語」にかなり精通していて、さらに、このジャンルについて自分なりの理想や基準を抱いていたことがわかる。例えば使い古された決まり文句は避けるべきだし、主人公は一人の少女ではなく、何人かいるべきだとか、本当の「悪人」が必ず一人はいるべきだとか、脇役もきちんと描くべきだといったことである。そして実際、ラーキンはオックスフォード大学在学中に「ウィロー・ゲイブルズ校でのトラブル」という女子校物語的な習作を、やはり「ブルネット・コルマン」という名で書いているのだ。

この作品の明らかな特徴は、アッパー・ミドル・クラスの少女たちの育ちや行儀の良さと、その裏に存在する、子供らしい無秩序、残酷さ、奔放さといった要素との組み合わせがもたらす、独特の魅力である。そしてそこにエロチックな要素が加わるのである。ラーキンは「ウィロー・ゲイブルズ校でのトラブル」で、細やかな生徒どうしの愛情を描いている。パブリック・スクールを舞台にした物語と同様、少女たちの熱い友情は一見無邪気にも思えるが、それが夜、消灯後のベッドの中での抱擁やキスという形をとると、別の解釈も与えられるだろう。そして、ラーキンのこの作品には、こうした従来の女子校物語に描かれている範囲を超えた描写がみられる。例えば、明らかに同性愛的な嗜好をもち、自分の部屋に来て眠ってしまった下級生の寝巻きを脱がせてキスしようとしたことが発覚して退学になる生徒や、消灯時にベッドに入っていない下級生の尻を革のベルトで叩いて歩くサディスティックな上級生なども登場するのである。
物語の筋立て自体は、少女マリーが校長先生の部屋からお金を盗んだという嫌疑をかけられて罰を受けるものの、実は真犯人は別におり、しかもその真犯人も他の少女が溺れそうになるのを危険を冒して救ったために許される、という「女子校物語」によくある類のものである。しかし、疑いを受けたマリーの身体検査の場面などは、かなり挑発的なものとなっている。マリーが盗みを働いたと信じて疑わない校長が、パムとアースラという上級生二人に命じて、マリーの体を調べさせるのである。

マリーは暴れ始め、パムの指が肩のボタンに触れるとその手を払い、パムはうめいて退いた。〔中略〕アースラに手首を後ろにまわされ、マリーは自由になろうともがいていた。パムはマリーの服を脱がせようとしていたが、マリーは屈しなかった。

こうして暴れまくるマリーの尻を校長は鞭で打つ。女子校ではこのような体罰は行なわれないはずだが、ラーキンは生徒どうしのとっくみあい、尻を打たれる罰といった、男性の「パブリック・スクール」の定番の情景を女子校に移すことによって、きわめて官能的な場面を描いているのである。

驚くべきことに、ラーキンはこの小説を出版しようとしていたことが、残っている記録(二つの出版社からの不採用の手紙)から判明している。彼がこれを従来の「女子学校物語」として出版しようとしていたわけではないと思われるが、いずれにしても出版社から断られてからは、この作品と、その続編で、オックスフォード大学の架空の女子コレッジを舞台にした「セント・ブライズ・コレッジの秋学期」は彼の存命中は世に出ることはなかった。

『ジル』——架空の妹

ラーキンの初期の小説『ジル』(一九四六年)にも、ラーキンの女子校生への興味がはっきりと見られる。主人公のジョンは、ワーキング・クラス出身で、公立の学校から奨学金を得てオックスフォード大学に入学するが、パブリック・スクール出身者ばかりのその環境になじめずに悩んでいる。同室のパブリック・スクール出身のクリストファーとその友達の仲間に入りたいと願うが、常に彼らに見下されているように感じる。一方で、同じように奨学金を得て入学したワーキング・クラスやロウワー・ミドル・クラス出身の学生と友達になったものの、彼らを好きになれない。

劣等感と孤独に苛まれるジョンの楽しみは、「ジル」という架空の妹を作り出すことだった。ジルは寄宿学校に行っているということになっていて、ジョンは最初はジルからの手紙を自分で書いて喜んでいるが、だんだんとジルを主人公とした学校物語を書き始める。ところがある日、クリストファーの仲間の一人がジリアンという名前(「ジル」と省略することができる)の親戚の少女を連れて来ることによって、彼は自分の想像のジルが本当に存在するのではないかと思い始め、想像と現実の中で混乱していくのである。この小説については、「グラマー・スクール」を扱う第五章でも触れるが、ラーキンが、「女子寄宿学校」を、階級コンプレックスを抱えるワーキング・クラスの主人公にとって、独特の魅力を持った場所として描いているのは興味深い。

『ジル』は先に紹介した習作と違って出版されていたものの、ラーキンの詩と違ってあまり著名ではなかった。そのためラーキンがこれほど女子寄宿学校に興味を抱いていたということは、「ウィロー・ゲイブルズ校でのトラブル」、「セント・ブライズ・コレッジの秋学期」、そして「私たちは何のために書くのか」が、ラーキンの他の未発表の作品と一緒に二〇〇二年に出版されるまでは、あまり知られていなかったのである。

セント・トリニアンズのコミック

一方で、女子寄宿学校の生徒たちを描くことで有名になった人物もいた。漫画家のロナルド・サール(一九二〇〜二〇一一)である。サールは『ニューヨーカー』や『パンチ』をはじめとする様々な雑誌や新聞に諷刺漫画を描き、広告や本のイラストも描いていた。彼が架空の女子寄宿学校セント・トリニアンズを舞台とした漫画を描き始めたのは一九四一年だが、その後兵役でシンガポールに行き、日本軍の捕虜となった。戦後に再びセント・トリニアンズの漫画を描き始めたが、以前の作品よりもかなりどぎついものとなっている。典型的な女子パブリック・スクールの制服を着た少女たちが、酒を飲み、煙草を吸ってギャンブルに興じるだけでなく、互いを襲ったり、拷問にかけたりする絵が多い。

'Come along, prefects. Playtime over.'

「お急ぎなさい,監督生のみなさん.休み時間は終わりですよ」セント・トリニアンズの一コマ.
Ronald Searle, *The Terror of St Trinian's and Other Drawings* (London: Penguin Books, 2006)

セント・トリニアンズのインスピレーションとなったのはケンブリッジにある二つの女子パブリック・スクール、パース女子校とセント・メアリーズ・スクールだったと言われている。ただし、サールの伝記を書いたラッセル・デイヴィーズによると、「セント・トリニアン St Trinian」という名前は、サールの友人の娘たちが在学していたスコットランドの学校、「セント・トリニアン St Trinnean」の綴りを変えたものだったらしい。この学校は一九四六年に、創立者で校長のC・フレイザー＝リーの引退と同時に閉鎖されたが、「セント・トリニアンズ」がイギリス中で人気を集めたがために、サールは常に、この学校から名前を借りたことに対して罪悪感を覚えていたということだ。

セント・トリニアンズの生徒たちの残酷さに、サールが日本軍の捕虜だった経験の影響を見る評者もいる。彼は映画『戦場にかける橋』(一九五七年)で有名になった、あの悪名高い泰緬鉄道建設にも従事させられていた。だが、伝記作家のデイヴィーズはそれを否定し、女性に接することが全くできなかった環境の中で、女性を「得体の知れない、怖い」存在として思い描くようになったからではないかと推測している。この説が適切かどうかはわからないが、サール自身は、「セント・トリニアンズ」をミュージカルにしたいという申し出を断った際、次のように語ったということだ。

セント・トリニアンズの生徒はサディスティックで、ずる賢くて、放埓で、曲がっていて、気が滅入るような存在で、なんのモラルも持ち合わせず、どんな過剰なこともやってのける。彼女は同時に言葉がきれいで、お行儀が良くて礼儀正しくさえあるのだ。

（ラッセル・デイヴィーズ『ロナルド・サールの伝記』一九九〇年）

ここでもまた、女子寄宿学校生の、「アッパー・ミドル・クラスのお行儀の良いお嬢さん」と、まだ成長しきっていない子供の残酷さのミスマッチが大きなインスピレーション、そして魅力となっているのがわかる。なお、サールは一九四六年の三月に雑誌『ロンドン・オピニオン』に「身の毛のよだつアルバート Orrible Albert」というタイトルで、悪さばかりする少年の漫画を始めたが、それは成功しなかった。デイヴィーズは「アルバートの悪ガキぶりがたりなかったのだろう」と書いているが、タイトルで horrible の h をとって orrible としていることからもわかるように、この漫画の主人公のアルバートはロンドン周辺のワーキング・クラスの少年である。そういう少年の、ある意味ではわかりやすいいたずらよりは、女子寄宿学校生のいたずらのほうが刺激的で人気を集めるのは無理もないだろう。このように、女子のパブリック・スクールは男子のパブリック・スクールとはかなり違う性質のものではあるが、イギリスの文化の中で一つの独特のイメージを形成しているのである。

第5章

グラマー・スクール

映画『ヒストリーボーイズ』より．オックスフォード，ケンブリッジを目指して頑張るグラマー・スクールの生徒たち（20世紀フォックス ホーム エンターテイメント ジャパン　）

ミドル・クラスとグラマー・スクール

第一章で見たように、パブリック・スクールは、地元の貧しい少年にラテン語の文法を教えるために教会が設立したグラマー・スクールにその起源をもつ。十六世紀には、裕福な商人や商業団体によっても、グラマー・スクールが次々と創立された。それらのグラマー・スクールの一部が寄宿制のパブリック・スクールへと発展し、創立時とは性質を変えて、アッパー・クラスやアッパー・ミドル・クラスの子弟の教育の場所となっていたのは今まで見てきたとおりだが、その他のグラマー・スクールの多くは、やはり学費をとって、ミドル・クラスの子弟を受け入れるようになった。

「グラマー・スクール」であるからには、ラテン語の文法を教えることが基本だった。ミドル・クラスの子弟たちは、仕事に就くためにもう少し実践的な科目を学ぶ必要があったのだが、カリキュラムの近代化はなかなか実現できなかった。十八世紀以降に創立したグラマー・スクールでは国語としての英語、英文学、そして数学などが教えられたが、十六世紀に商人たちによって設立された古いグラマー・スクールでは、寄付を募って教員の給料をまかなうことが行なわれており、寄付金(endowment)の運用方法などは細かく決められていたため、授業科目などを簡単に変えることは難しかったのである。

この状況を改善するために、十九世紀においていくつかの手段がとられた。一八四〇年のグラマー・スクール法では、各学校の教員の同意が得られれば、グラマー・スクールにおいてラテン語やギリシャ語以外を教えることが可能になった。また第二章で、グラマー・スクールを国の運営下におくという過激な提案をし、不採用となった一八六四年のトーントン・コミッションについて触れたが、この調査委員会の報告は、一八六九年の「寄付金により運営された学校法」をもたらした。この法律のもと設立された「寄付金運営学校コミッション」は、各学校の寄付金の運用に関わり、助言や提案を行ない、カリキュラムの近代化を奨励した。

こうして初期のグラマー・スクールは、アッパー・クラスおよびアッパー・ミドル・クラスの子弟を教育する寄宿制のパブリック・スクールと、ミドル・クラスの子弟により実践的で近代的な教育を与える通学制のグラマー・スクールという、二つの方向に分かれていったのである。また、ヴィクトリア朝になり、ミドル・クラスに教育の重要性が痛感されるにしたがって、さらに新しいグラマー・スクールも設立されるようになった。

ワーキング・クラスと奨学金

十九世紀後半はこのように、教育制度を整備する試みが次々と行なわれた時期だった。その対象はミドル・クラス以上だけに留まらなかった。一八七〇年の教育法によって、教会学校などの施設がない地域には、地元の教育委員会（education board）が運営するボード・スクール（board school）と呼ばれる学校が設立され、学費が払えない家の子供は授業料を免除された。また、八〇年の小学校教育法では、五歳から十歳の子供に義務教育が課せられるようになった。しかしそれより先の教育の機会を得るのは、ワーキング・クラスの家の子供たちにとっては難しかった。パブリック・スクールやグラマー・スクールは、創立時の理念や目的からも、奨学金の制度を保っており、それは彼らにとって高度な教育を受け、専門的な職業につき、階級を超えるチャンスであったが、ワーキング・クラスの子供にとってそうした奨学金を得ることは、学力の面において難しかっただけでなく、階級の違う生徒たちとの学校生活に順応するという意味でも困難だったのである。

これまで見てきたように、イギリスの「学校物語」の舞台は寄宿制のパブリック・スクールであり、それがパブリック・スクールのイメージを広めてきた。しかし十九世紀の終わりから二十世紀初頭にかけて、ボード・スクールに通っている少年や少女が地元のグラマー・スクールへの奨学金を得る、という物語を書いていた作家もいた。そこで描かれる姿からは、グラマー・スクールが擬似パブリック・スクールとしての性格を強くもっていたことがうかがえる。例えばエマ・レズリー（一八三七〜一九〇九）という児童文学作家は、一八九八年に『エルシーの奨学金――なぜそれをあきらめたのか』、そして一九〇〇年に『例の奨学生』という作品を書いている。ただし『エルシーの奨学金』は、ボード・スクールに通うエルシーという少女が地元のグラマー・スクールへの奨学金を得ることに成功するものの、父親が病死したため、副題のとおり奨学金をあきらめる、というところから物語が始まるので、厳密に言うと、グラマー・スクールやその奨学生を中心とする話ではない。

一方、『例の奨学生』では、同じくボード・スクールの生徒だったホレスが、奨学金を得て地元のトリントンという学校に入学する。トリントンは、そこの生徒によると「紳士のために設立された学校」で、生徒たちもパブリック・スクールの学校物語の生徒たちのように振る舞う。例えば、父親を「ペイター」と呼んだり（ラテン語 pater の英語読み。ただし面と向かっては「ファーザー」と呼ぶ）、「ファイブズ」という、パブリック・スクールで人気のある球技を楽しむ。勉強に一生懸命にならないことを美徳とするのも、パブリック・スクール（の物語）の模倣なのである。しかしこの学校は通学制であり、授業科目を見ても科学系の科目が充実しており、グラマー・スクールであることは明らかである。

ホレスは「自分で学費を払えない奴が来たら学校の格が下がる」と言い張る生徒たちにいじめられる。ホレスを目のかたきにする、テイラーといういじめのリーダーは、自分が紳士であることを常に強調する。しかし、父親がどうやって財産を成したかを、他の生徒から指摘されそうになると怒り狂うのである。そして物語の終盤では、ホレスは実はミドル・クラスの医師の息子であり、わけがあって父親が家を出たために貧しい生活をせざるを得なかった、ということが判明する。

この作品はつまり、「奨学金を得てグラマー・スクールに進学したものの、ミドル・クラスの生活になじめないボード・スクール出身の生徒」、という類のものではない。ホレスが実は医師の息子であり、もともと階級的にミドル・クラスだったということもあるが、いじめっ子のテイラーやその取り巻きが紳士として描かれておらず、グラマー・スクールの生徒たちとボード・スクールの生徒との差は、単に経済的なものであるかのように書かれているのである。

作者のレズリーは作品の中で、このようなグラマー・スクールの生徒たちが、パブリック・スクールの言動を模倣しているさまを批判し、そんなことよりも、教育を与えられている機会を最大限に生かすべきだという教訓をこめている（この作品は、第二章で紹介した『ボーイズ・オウン・ペイパー』を刊行した、宗教冊子協会（一七九九年創立）から出版された）。

その後、一九〇二年の教育法（バルファー法）によって、地方教育当局（Local Education Authority 通称LEA）が設立され、地方の教育委員会は解体された。教育委員会が運営していた教会学校とボード・スクールの両方がLEAの管轄下におかれ、地方の税金によって運営されるようになる。さらに、一九一八年の教育法によって十四歳までが義務教育となり、公的基金を受けるようになったグラマー・スクールも多かった（しかし、大多数の生徒は十四歳まで小学校に残り、上の学校には進まなかった）。法律によって、LEAはグラマー・スクールにも資金を供給することになった。グラマー・スクールが基本的に学費をとることには変わりないが、学費を払えない生徒への援助や奨学金が、地元の人々の税金から支出されるようになるのである。また、こうしてグラマー・スクールは、依然としてミドル・クラスの学生が中心でありながらも、学費の払えない家庭の子供に対してさらに門戸を開いていったのである。

『ふくろ小路一番地』

そして一九三七年、イーヴ・ガーネット（一九〇〇～九一）という女性作家が『ふくろ小路一番地』という子供用の本を出版した。これは当時の児童文学作品にはめずらしく、ワーキング・クラスの子供たちを主人公とした作品だった。ラグルズという名前のゴミ収集人と、洗濯女の妻、そして七人の子供たちの日常を描いている。

ガーネット自身はミドル・クラスの出身で、美術学校を卒業し、『宝島』で有名なロバート・ルイス・スティーヴンソン(一八五〇～九四)の詩集『ある子供の詩の庭で』(一九四八年)のイラストを描くなど、画家としても活動した。一九二〇年代に美術を勉強しにロンドンに来てから、イースト・エンドのスラム街を何度も訪れ、そこで見た子供たちの境遇に大きな衝撃を受けたといい、二七年には婦人参政権論者イーヴリン・シャープ(一八六九～一九五五)がワーキング・クラスの子供たちの境遇を描いた『ロンドンの子供』の挿絵も描いている。

しかし、『ふくろ小路一番地』はワーキング・クラスの窮状を描いた小説ではなく、ラグルズ一家が貧乏ながらも明るく楽しく生きていく物語となっている。だいたい一章ごとに、七人の子供のうちの一人にスポットライトが当たる。長女のリリー・ローズが母親の手伝いをしようとして、大事な顧客のシルクのペチコートをアイロンで縮ませてしまったり、双子の片割れのジムが「秘密結社」に入って、冒険をしたりといった具合である。しかし楽しい子供の話ではありながら、階級の要素は常に意識される。

例えば双子のもう片方のジョンは、ある日小遣い稼ぎに観光地の駐車場で自動車の番をする。持ち主が観光しているあいだに番をするのだが、急に雨が降ってきたので自動車の中に入って雨宿りをする。そこに持ち主夫婦が大急ぎで帰って来て、後ろの席にいるジョンに気づかずに出発してしまう。気づいた頃には車はすでにかなりの距離を走っていた。夫婦は息子の誕生日パーティのために急いで帰らなければならないので、ちょうど同じ年頃だし、いっそのことパーティに来ないかとジョンを誘う。

こうしてジョンは思いがけず誕生日パーティに出席することになるのだが、自動車の持ち主のローレンス家はアッパー・ミドル・クラスであるため、ワーキング・クラスのジョンにとってはめずらしいことばかりである。彼らの家の大きさにまず驚くが、大きなバスルームや浴槽にも目を丸くする。ジョンの家では、台所に大きな洗面器を持ってきて週に二回身体を洗うだけなのだ。それでも、ローレンス家の息子のピーターとジョンは子供どうし、すぐに仲良くなる。しかしパーティの客である他の子供たちがやって来ると、ジョンは彼らが「あまりにも清潔で、きちんとしていて、隣のフックさんちのラジオから聞こえてくる紳士の声のような発音で話すので」気後れする。テーブルに所狭しと並べられているケーキやお菓子、サンドウィッチを見ていったん元気を取り戻すが、そこでも、食べ物をまず隣人に勧めてから自分がとるというテーブル・マナーを知らないために恥をかくのである。

イレブン・プラスというチャンス

このように階級の現実が常に顔を出し続ける『ふくろ小路一番地』だが、この中で、次女のケイトは学校の成績が良く、教育を通してワーキング・クラスを抜け出せる可能性のある子供として書かれている。

ケイトの脳みそが父親ゆずりか母親ゆずりなのかはさておき、とても優秀なものであることは確かでした。ですからケイトが、公立の教育制度の中で「イレブン・プラス」として知られる年齢——少しでも野心のある生徒にとっては運命の年なのですが——に達し、数百人の子供たちと共に奨学金の試験を受けて、地域で第九位の成績で合格したときには、ラグルズ夫妻はとても嬉しく、誇らしくはあっても、特に驚きはしなかったのです。ただ、誇らしくはあっても、ケイトのお母さんは心配でした。と言うのも奨学金と言ったら中等学校を意味していましたし、中等学校と言ったら洋服——それも特別な洋服——が五年間も必要になるからです！

ここで「運命の年」と言われている「イレブン・プラス」とは、グラマー・スクールに入学する学力があるかどうかを試す学力試験のことであり、十一歳以上の生徒が受けるのでこう呼ばれる。ケイトが奨学金を得て入学するのはLEAの運営する女子用のグラマー・スクールだった。一九〇二年の教育法によって、LEAは積極的に、女子校を設立することになり、これらの女子用のグラマー・スクールはハイ・スクールとも呼ばれていた。

ここでいう「特別な洋服」というのは、学校の制服のことである。ラグルズ夫人はケイトの小学校の校長に説明する。

「上着に体操服、それから指定されたストッキングと帽子、それにブーツや靴――そういうものが必要になるんですよ。今までみたいにお姉ちゃんのお古っていうわけにはいかないですし」

ここまではラグルズ夫人の想定内ではあったが、実際、「入学までに揃えるべきもの」のリストを受け取り、その中に「テニス・ラケット」という項目を見つけて、ラグルズ夫人は啞然とする。男子校、女子校共に、グラマー・スクールではパブリック・スクール同様、スポーツが情操教育の大事な部分をなしていたのである。ただし、テニスは、クリケットやラグビーと違って、基本的には女子のパブリック・スクールにおいて、夏に行なわれるスポーツであり、もともとはミドル・クラス、特に「郊外居住者」のスポーツだった。アッパー・クラスやアッパー・ミドル・クラスの師弟がほとんどだった男子校と違って、イギリスにおいて女子のパブリック・スクールは、基本的にはミドル・クラスの女性の教育のためのものであることは前章においても触れたとおりである。

中等教育の無償化

その後、一九四四年の新しい教育法によって、イングランドとウェールズでは初めて公立の無料の中等教育がすべての生徒に与えられることになる。これは「三部構成 tripartite system」と呼ばれる制度で、生徒には三つの種類の学校の選択が与えられた。

一つはセカンダリー・テクニカル・スクールで、これは言わば工業専門学校であり、数パーセントの学生が進学した。二つめはセカンダリー・モダン・スクールで、主に職を得るのに役立つような実用的な知識や技術を生徒に与えることを目的とし、大多数の生徒はこちらに進学した。そして、三つめの公立の中等学校がグラマー・スクールだった。他の二つのタイプの学校と同様、この制度の下ではグラマー・スクールも無料だったが、アカデミックな教育を提供し、高等教育をめざす生徒を集めるために、ある程度の学力を持つ生徒しかとらなかった。その学力を測るために、イレブン・プラスが引き続き行なわれた。グラマー・スクールはこのイレブン・プラスによって選抜された、トップの二十五パーセントの教育をするための学校として想定されたのである。

ワーキング・クラスにふさわしい教育

グラマー・スクールに入学する生徒の全員が大学に進んだり専門職についたりするわけではないが、グラマー・スクールが、「擬似パブリック・スクール」であったことは、「三部構成」以前と同様であった。新しくつくられたグラマー・スクールも、同じように制服、テニスやクリケットなどのスポーツのほか、上級生の監督生の習慣などを取り入れていった。男女が別々の学校が多かったのも、パブリック・スクールと同様である。

ノッティンガムのグラマー・スクールの校長を務めたハリー・デイヴィーズは、特に彼が「第一世代のグラマー・スクール生徒」と呼ぶワーキング・クラス出身の生徒たちを、グラマー・スクールがどのように教育し、どのような教養を与えるかという問題に大きな関心があった。彼は、ワーキング・クラスの少年たちに、パブリック・スクールの真似事のような教育をすることには反対だった。

気取っていて、因習的で、偏狭で、私立の学校の猿まねをしているグラマー・スクールが依然としてあまりにも多く存在する。これらの学校は若い淑女、あるいは紳士を作り出すことに専念し、上品な外見と、'U'と'non U'の違いにばかりこだわっているのだ。

（ハリー・デイヴィーズ『文化とグラマー・スクール』一九六五年）

ここでデイヴィーズの言う'U'と'non U'とは、「アッパー・クラス Upper Class」と「非アッパー・クラス non-Upper Class」の略だ。この表現はもともと、一九五四年に言語学者アラン・ロスが、「現代英語における言語的階級指標」という、英国の階級とその言葉づかいを論じた真面目な社会言語学の論文のなかで使ったものだった。しかし一九五五年に、ロスの友人で、アッパー・クラス出身のユーモア小説作家のナンシー・ミットフォード（八一ページ、一二七ページ参照）が「イギリスの上流階級」と題したエッセーのなかで、この表現を面白半分に使ったことで広まり、今や英語にすっかり定着した表現となっている。デイヴィーズが批判するのは、話し方やアクセントまでアッパー・クラスおよびアッパー・ミドル・クラスの模倣をさせようとするようなグラマー・スクールであり、一九六〇年代にもまだそのような学校が少なくなかったことが明らかにされている。

制服とスポーツ

デイヴィーズは制服の制度についても、パブリック・スクールのものをそのまま模倣することに対して懐疑的である。

制服へのこだわりは過剰であってはならない。大きな少年の頭に乗っかった制服の縁なし帽を滑稽に思ったり、思春期の少女に運動着のオーバースカートが不似合いだと思ったとしても、危険な革命思想の持ち主だとは思われないだろう。制服の縁なし帽のかぶり方の解説書――これは実際に存在するらしい――は、制服への過剰なこだわりの一例なのだ。

グラマー・スクールの生徒に制服を強いることへのデイヴィーズの批判はもっともに思われ

るかもしれない。しかしデイヴィーズのここでの議論は、「ワーキング・クラスの子供たちの方が、アッパー・クラスやアッパー・ミドル・クラスの子供たちよりも、肉体の発達が早く性的な特徴も早く現われる」という、ステレオタイプを前提に展開されていることに注意したい。

運動に関しても、デイヴィーズは、

学校とは多くの種類の運動科目を用意し、上級生にも少なくとも何か一つは楽しむことができ、満足を得られる運動を提供するべきである。

としながらも、ワーキング・クラスの文化を考慮して、彼らにあったものを準備するべきだと主張する。

多くの少年が、そしてさらに多くの少女が、球を追いかけることは意味がなく、ばかげた行動だと考えるのだから、他の運動を用意するべきではないだろうか。

ワーキング・クラスのリーダーシップ

また、監督生制度については、グラマー・スクールの「民主性」と相容れないものだとみなす校長が多いことを述べ、グラマー・スクールの上級生の中には監督生になりたがらないものさえいることを指摘する。

にもかかわらず、大多数のグラマー・スクールは実際は監督生制度を取り入れている。それは察するに、この制度が上級生に権力を行使し、責任をとることを教える最適な方法だと思われているからだろう。リーダーシップという概念そのものを冷笑するのを好む人々もいるが、どのような種類の組織においても、責任を負う人間が必要なのは当然ではないだろうか。

「グラマー・スクールの生徒にはリーダーシップの訓練は必要ない」という考え方に対して、デイヴィーズは反論しているのだが、その反論は、グラマー・スクールの卒業生からもリーダーは誕生しうるというものではなく、彼らには彼らなりのリーダーが必要だという、相対主義的な立場からのものなのである。

このように、『文化とグラマー・スクール』の中でデイヴィーズが展開する議論は、ワーキング・クラス出身の「第一世代のグラマー・スクール生徒」たちには、彼らの社会的地位と背景に見合った教育を施すべきだ、というものなのである。実際にグラマー・スクールの校長を務め、このような少年たちと関わった経験をふまえた議論であるわけだが、彼がグラマー・スクールの教育を、これらの少年が階級を超える手助けをするものとみなしているわけではないのは明らかである。

こういった意味では、公立のグラマー・スクールはパブリック・スクールの誕生と発展によってイギリスにおいて培われた教育の方法を、ロウワー・ミドル・クラスやワーキング・クラスの子弟にも与えてやろうという思想から誕生したものである。そしてその結果として、ワーキング・クラスの少年少女に上の階級の習慣や価値観を押しつけるべきか、彼らの階級に相応しいかたちのものに修正するべきかという議論が起こるものの、いずれもかなりパターナリズム的な、言わば「上から目線」的な性質のものなのである。

「怒れる若者」

このように、いかにもイギリスらしいとも言える階級社会の産物であるグラマー・スクールが、イギリスの文学においても一つの明らかなイメージをもって表象されるのも不思議はないだろう。グラマー・スクールとイギリス文学と言うと、まず連想されるのは「怒れる若者たちAngry Young Men」と呼ばれる作家たちである。もとは、一九五六年に劇作家ジョン・オズボーン（一九二九〜九四）の自伝的作品『怒りをもって振り返れ』が、ロンドンのロイヤル・コート・シアターで上演される際に宣伝文句として使われたフレーズだったが、その後マスコミが、一九五〇年代に次々とデビューした、ワーキング・クラスやロウワー・ミドル・クラス出身の作家たちを「怒れる若者たち」と呼び始めた。

オズボーン自身は「マイナー・パブリック・スクール」と呼ばれる、言わば二流の私立学校の出身だったが、『年上の女』（一九五七年）で知られる小説家ジョン・ブレイン（一九二二〜八六）や、劇作家のハロルド・ピンター（一九三〇〜二〇〇八）はグラマー・スクールの出身である。

また、ロウワー・ミドル・クラス出身の小説家キングズリー・エイミス（一九二二〜九五）は奨学金を得て私立の男子校に行っているが、その作品には、グラマー・スクール出身のワーキング・クラスやロウワー・ミドル・クラス出身者が描かれている。

例えば彼の最も人気のある作品と言える『ラッキー・ジム』（一九五四年）では、主人公のジェイムズ・ディクソンは地方の大学で中世史の講師をしている、イングランド北部のグラマー・スクール出身のロウワー・ミドル・クラスの青年である。まだ仮採用の身分で、その大学の専任教員として採用されるには、歴史学の教授であるウェルチをはじめ、同僚たちに気に入られなければいけないのだが、ディクソンは彼らの「教養」についていけない。

楽譜という教養

ある週末、数人の同僚と共にウェルチの家に招かれるが、ウェルチは中世のマドリガル曲を歌うという催しを企画していた。ディクソンは自分が楽譜を読むことができないことを言い出せずに、無理矢理仲間に入れられ、テノールのパートを歌うはめになってしまう。幸いテノールがもう一人いたので、最初はディクソンは口をぱくぱくさせて歌っているふりをするだけでよかったが、次に渡された曲ではテノールが二つに分かれていることを発見して青ざめる。

三十分前に、楽譜が「少しは読める」と言ったのは嘘だったのだと言うには遅すぎるし、今になって自分はやっぱりテノールではなくてバスだったと言うのも遅すぎた。この状況を切り抜けるにはてんかんの発作でも起こすしかないようだった。

（キングズリー・エイミス『ラッキー・ジム』一九五四年）

それでも曲は容赦なく始まり、指揮をしていたウェルチが途中で止めて、「テノールが一人聞こえなかったようだが」と言いかけたときに、ディクソンにとって幸いなことに新たな客が入ってきて、歌の会は中断される。その後に計画されていた楽器の演奏が始まるとディクソンはこっそり教授の家を抜け出してパブで一人で飲み始める。その晩は教授の家に泊まることになっているので、酔っぱらって戻って来て、教授が他の客を車で送りに出ているすきにこっそり自分にあてがわれた寝室に行って寝るのだが、ベッドで煙草を吸ってシーツをこがしてしまう。そしてこがした部分をなんとかして隠そうと四苦八苦するのである。

まやかしの知性への批判

この作品ではディクソンのこのような数々の「冒険」がきわめて滑稽な調子で書かれているのだが、語り手の共感はディクソンの側にあり、ウェルチや、「芸術家」であるその息子、大学の同僚たちは「教養」をひけらかす知的スノッブとして描かれている。

実際、この小説はイギリスの大学におけるまやかしの知性や教養に対する痛烈な諷刺であると受け取られている。クライマックスはディクソンが「メリー・イングランド」という題名で公開講演をするようにとウェルチに依頼され、緊張をほぐすために講演の前に酒を飲み、酔っぱらってしまう場面である。

十行くらい話しているうちにディクソンは自分が何かとんでもないことをしでかしているような気がした。学生が座っている二階の席のざわつきは大きくなっていた。そしてディクソンは自分が何をしているのか気づいた。ウェルチの物まねをしているのである。

ディクソンは何とかして気を取り直してウェルチの物まねをやめることに成功するが、再び何かとんでもないことをしているような気になる。そして自分が今度は学長の物まねをしていることに気づくのである。普通の話し方がまったくできなくなったディクソンはその後は、自分の出身地であるイングランド北部の訛りを強調して話し、その後どこことも言えない外国の訛りで話し、挙げ句の果てに、自分の読んでいる原稿を心の底から馬鹿にしたような、自嘲的な調子で、ものすごい早口で読み上げる。学生たちは笑いころげて拍手喝采するが、同僚や聞きにきていた地元のお偉方は激怒し、当然ディクソンの専任教員への道は絶たれる。

しかし聴衆の中に、金持ちのビジネスマンがいて、ディクソンを気に入り、自分の秘書にならないかと申し出る。実はこの仕事はウェルチの息子のバートランドが欲しがっていたものだった。バートランドはこのビジネスマンの姪クリスティーンとつき合っており、彼女のコネでこの仕事を得ようとしていた。ディクソンは最後には高収入の仕事を得て、しかもバートランドの浮気を発見して愛想をつかした彼の恋人ともつきあい始め、最後にたまたま通りで出会ったウェルチ一家を大声で笑いながら、クリスティーンと共に町を出るのである。

ディクソンは勝利したのか

これはグラマー・スクール出身のディクソンの勝利の物語のようではあるが、結局はディクソンは大学というアカデミックな場所に居場所を見出すことができず、グラマー・スクールを出て大学に進学したことの利点も生かすことができなかったとみることもできる。この小説の語りはディクソンに共感的であると書いたが、例えば先に挙げたマドリガルの歌の会の場面などでは、読者がウェルチと同様、マドリガルについての知識を持っているという前提なのは明らかである。

「今度の歌は割合に有名なものですよ。「いまこそ五月」というものでね、さあ皆さん……」

ディクソンの左後ろから笑いを押し殺すような音が聞こえた。ディクソンが振り返ると、ジョウンズの青白い顔に大きな笑いが浮かんでいるのが見えた。その短いまつげに覆われた大きな目はディクソンをじっと見つめていた。「何がおかしいんだい？」とディクソンは聞いた。もし奴がウェルチを笑っているのであれば、ディクソンはウェルチの味方をしてやろうと思っていた。

「今にわかるさ」とジョウンズは言った。ディクソンをじっと見つめたままで、にやにや笑いながら繰り返した。「今にわかるさ」

このジョウンズという人物は大学の職員であり、ディクソンとは犬猿の仲にあった。マドリガルの知識のあるジョウンズは、有名なマドリガル「いまこそ五月」ではテノールが第一と第二に分かれていること、そしてそれぞれに「ファララ」と長く続くソロのパートがあるのを知っていた。さらに、ディクソンが楽譜を読めないことをも見抜いていたのである。そして作者エイミスは、このような有名なマドリガルのタイトルを挙げることによって、マドリガルの知識のある読者がディクソンの陥る窮状をジョウンズと共に予測し、楽しめるようにさせているのだ。

さらに言うと、このマドリガルの知識はエイミス自身が得た教養でもある。それを考えるとこの小説が本当にグラマー・スクール卒業者ディクソンの勝利を描いたものであるのかが疑わしくなってくる。ディクソンは大学に入ることができたことによって最初に進もうとした道を結局は自分で閉ざし、大学の価値を認めることができずに、そこから追放され、金もうけの道へと入って行く。エイミスの意図に反して、この作品はディクソンの敗北の物語とも読めるのである。

グラマー・スクール出身のジョン

大学に適応できない、このようなグラマー・スクールの少年をもっと直接的に、そして哀感をこめて書いた小説が、第四章にも登場したフィリップ・ラーキンの『ジル』である。ラーキンは詩人として知られているが、オックスフォード大学在学中にこの小説を書き、最初の詩集『北の船』を一九四五年に出版した後に出版した。ラーキンは翌年『冬の少女』という小説を出版した後は、小説を書くことがなかった。『ジル』についても、ラーキン自身は未熟な作品だとして高く評価していないが、グラマー・スクール出身の少年がオックスフォード大学に進学し、そこの文化に必死でなじもうとする様が、繊細にかつ鮮やかに描かれている（ラーキン自身は、階級の上昇を果たした父親によってパブリック・スクールに入れられていた)。

主人公のジョン・ケンプは、イングランド北部のグラマー・スクールに在学中、英文学の教師に見込まれてオックスフォード大学の入学試験を受けることを勧められる。そして特訓を受け、見事合格して入学する。時は第二次世界大戦の最中であり、本来ならば学生は個室を与えられるのだが、人手不足のため、パブリック・スクール出身のクリストファー・ワーナーと同室になる。また、オックスフォードでは、指導教授と一対一で、チュートリアルと呼ばれる研究指導をしてもらえるのだが、若い教授が戦争に行ってしまったために、こちらもクリストファーと二人で受けることになる。

アッパー・クラスの友人を求めて

ジョンが大学に到着した時にはクリストファーはすでに部屋を占拠しており、友達数人とお茶を飲んでいる。同じ新入生なのにすっかり落ち着き払って、自信たっぷりのクリストファーにジョンは憧れを禁じ得ない。クリストファーは学則も無視し、すぐに友達を作り、毎晩飲み歩いている。ジョンはクリストファーとその友人たちにできるだけくっついて、飲み慣れない酒を飲んだり、煙草を吸ったりしてみるが、大抵の晩は一人で部屋に残され、他にすることが無いので勉強をするはめになる。同じコレッジに、自分のようにグラマー・スクール出身で、やはり奨学金を得て来ている学生が数人いることを発見し、彼らと少し親しくなるが、彼らとのつきあいにはどうしても満足できず、クリストファーたちに近づこうとするのである。

クリストファーが部屋に帰ってくるとジョンは気持ちが明るくなり、笑い声をたてる気になってしまうのだった。彼らの会話にまぜてもらえるとは思っていなかったが、彼らがコートの襟をたてて、今晩どこに行こうかと相談しているのを聞いているだけでも、大きな特権を与えられているように感じていた。

ある晩、めずらしく一人でいたクリストファーが、ジョンに「飲みに行こうか」と声をかけ、ジョンは驚喜する。

「え、もちろん、もちろんいいよ!」ジョンは椅子から跳ね上がった。クリストファーから目を離さないで大急ぎでコートを着た。まるでそうしなければクリストファーが消えてしまうか、誘いが取り消されてしまうと思っているかのようだった。〔中略〕ドアまで行って「準備できたよ！」とジョンは言った。その顔はサーカスに連れて行ってもらう子供の表情を一瞬思わせるようなものだった。

痛々しいまでにアッパー・ミドル・クラスのクリストファーに憧れて、友達になりたがるジョンだが、結局はクリストファーの友情を得ることはできない。

幻想と物語の終わり

一人で部屋に残っている孤独なある晩、ジョンは自分がアッパー・ミドル・クラスの出身で、ジルという名前の、女子パブリック・スクールの寄宿舎に入っている妹がいるという幻想を創り上げ、その架空のジルに向けて手紙を書き始めるのは、第四章でも触れたとおりである。そのうちにジョンは自分がジルになったつもりで、手紙を書くようになり、さらにはジルを主人公にした物語を書き始める。

ある日、クリストファーの女友達のエリザベスの従妹で、ジリアンという名前の十代の少女に会い、自分の幻想のジルが実在しているかのような気になる。ジョンは彼女に近づこうとするが、従妹に近づかないようにとエリザベスに言い渡され、やけ酒を飲む。酔いつぶれたジョンは、やはり酔って騒いでいた一群の学生に噴水に投げ込まれて風邪をひき、肺炎にかかる。心配して見舞いに来た両親は、病室がわからずにうろうろしているところに現われた学生に道を尋ねる。その学生はクリストファーだった。息子の同室の学生とは知らず、道をクリストファーに尋ねる。クリストファーは休暇で家に帰るところだった。エリザベスと一緒にコレッジの門を出て行くが、そこで野良犬を見つける。門番が「ここはお前の来るところじゃないよ」と野良犬を追い払うが、野良犬はエリザベスを見上げてうなり声をあげるところで、小説が終わる。

この小説が一九七七年に再版されたとき、ラーキンは序文の中で次のように書いている。

最近、あるアメリカの批評家が『ジル』について、イギリスの戦後の小説の特徴である、居場所のないワーキング・クラスの主人公の最初の例である、と書いた。〔中略〕しかし、もし本当にそうだったとしても、残念ながらそれは意図的ではなかったと言わざるを得ない。一九四〇年には私達は社会的差異を強調するという意思はなく、どちらかというとそういったことは最小限にとどめようとしていたのである。私の主人公の階級は物語において絶対に必要な要素ではあるが、物語のテーマそのものではない。

場違いなところに迷い込んできてしまったワーキング・クラスの青年の苦悩そのものを描いたようなこの小説についてラーキンがこう書いているのは、驚くべきことである。逆に言うと、グラマー・スクール出身のオックスフォード大学生という人物を描いた場合、階級の差という要素が入ってくるのは当然のことで、それを特に強調したわけではないとラーキンは主張しているのである。

オックスブリッジ入学をめざして

次章で見るように、グラマー・スクールはその後廃止され、コンプリヘンシヴ・スクールに移行するのだが、一部は残りつづけた。二〇〇四年に初演され、二年後に映画化されたアラン・ベネット(一九三四〜　)の戯曲『ヒストリーボーイズ』の設定もグラマー・スクールである。これはオックスフォード大学とケンブリッジ大学入学をめざす、ワーキング・クラスとロウワー・ミドル・クラスの少年達とその教育を描いたものだが、設定をグラマー・スクールにした理由としてベネットは次のように書いている。

私がグラマー・スクールにしたのは、コンプリヘンシヴ・スクールだったら、こんなに何人もの生徒にオックスブリッジ〔オックスフォードとケンブリッジ〕受験をさせたりはしないと思ったからだ。

ここに登場するグラマー・スクールの少年たちは、『ジル』のジョン・ケンプのように、劣等感やおどおどしたところがなく、実に生き生きと、そして堂々としているが、彼らはオックスブリッジ合格に必要な「教養」をつめこまれる。彼らを刺激する、新しい歴史の先生は彼らに次のように言い放つ。

ローマに行ったことのある奴はいるか？　いないか？　君たちの競争相手の少年少女はローマに行ったことのある奴らだ。ローマやベニス、フィレンツェやペルージャに行っていて、そこで見たものについてお勉強している。だから奴らは宗教改革の直前のキリスト教会について答案を書くときに、キリストの包皮〔ヨーロッパにはキリストの包皮なるものが保存されているところが多い〕についてのくだらない知識が役に立つことを知っているんだ。そういう知識を使った奴らの答案は、君たちの答案と違って退屈じゃないんだよ。

ベネット自身は英国の北部の都市リーズの、ワーキング・クラスの出身だった。この作品は自分の勉強の経験をもとにして描かれている。初演と同時に台本が出版されたが、その際に書いた序文の中で、ベネットは自分の経験を次のように語っている。

　私は自分が知っていることをすべてノートにとり、あらゆる種類の問題に備えて答を用意した。奇をてらった、意表をつくような引用と共に、四十か五十枚のカードに書き出し、どこに行くにも、そのカードを何枚かポケットに入れていたのだ。ロシア語の授業を受けながらこっそりと、または朝ケンブリッジの図書館に行く途中のバスの中で、少しでも時間があいたら、私はそのカードに書かれていることを暗記したのである。
　入学試験の直前のクリスマス休みの時に、リーズ資料館で、雑誌『ホライゾン』が全巻揃っているのを発見した。この雑誌はシリル・コノリーが戦時中に編集していて、ほんの一、二年前に廃刊になったばかりだったが、私は聞いたことがなかったのである。それを読んで、私は、実存主義といった、当時流行していた最新の教養の分野の存在を初めて知ったのだった。それを完全に理解してはいなかったが、これらのこともまた私のカードに書き加えられ、入学試験の教養問題の材料となったのである。

パブリック・スクール生向けの入試問題

戦前までオックスフォード大学とケンブリッジ大学は、優等卒業学位、あるいはまったく学位をとる必要のないアッパー・クラスやアッパー・ミドル・クラスの子弟に、彼らが社交界に入るのに役立つ交友関係と知識を与えるという名目で、特に試験を課さずに入学させていた。しかし戦後、大学の数が増えて、大学教育が就職の条件になってくると、両大学とも志願者の数が急増し、そのような制度を保つことはできなくなった。

それでもオックスフォード大学とケンブリッジ大学は、他の大学のように、共通試験「一般教育証明書」のアドバンスト・レベルの成績と面接で学生を選ぶことをせずに、独自の入学試験を行なっていた。この入学試験の一部である教養問題では、個性的な発想と、幅広い知識が必要とされる。しかも、抽象的思考を奨励しない英国の、実用主義的な考え方に基づいて、何らかの説や論を展開する場合に、必ず文学書や歴史書からの引用でそれを裏付けることが要求されるのである。これは受験者の中に、そういった文学や歴史の素養がそれまでの教育と生活の中で自然に蓄積されているという前提に基づいて行なわれる試験であるわけだが、ベネットのようなワーキング・クラス出身の受験者は、彼が語るようなやり方で、「教養」を詰め込んでいかなければならなかったのである。ただし、この二つの大学が独自の入学試験を課していることには批判が集まり、一九八〇年代半ばには共通試験と面接で入学できる制度が始められた。

『ヒストリーボーイズ』に見られるように、グラマー・スクールの制度そのものが廃止されても、パブリック・スクールと同様、「グラマー・スクール」のイメージはイギリスの文化において存在し続けるのである。

第6章

現代のパブリック・スクール

現在は共学になっているラグビー・スクール
(毎日新聞社提供)

パブリック・スクールにやってきた『モルモット』

二十世紀も半ばに近づくと、パブリック・スクールも、やはり社会の変化と無縁ではいられなかった。求められた改革の一つの方向は、ワーキング・クラスの子供たちにも、積極的にパブリック・スクールの門戸を開くということだった。

一九四二年に政府の教育委員会の委員長がパブリック・スクール調査委員会を任命し、パブリック・スクールと一般の教育制度との関係についての提言を求めた。一九四四年に調査委員会の報告書が提出されたが、これは調査委員会の委員長だったスコットランドの政治家で裁判官のフレミング卿の名をとって、「フレミング報告書」と呼ばれている。フレミング報告書は、パブリック・スクールの制度、特にその寄宿制度が「きわめて高い教育的効果を挙げるものである」という結論を掲げた（調査委員の大半がパブリック・スクール出身だったことを考えると驚くべきことではない）。

そしてパブリック・スクールが排他的で、一般の人々と切り離されているという批判に対して、次のような制度を提案した。一部の生徒の学費を国、あるいは地方の自治体の予算から出して、パブリック・スクールに入学させる。そのような生徒を受け入れることに同意した学校に関しては、国から助成金を出す、というものである。こうしてパブリック・スクールの学費が払えない家庭の子供たちにもパブリック・スクールの教育を受ける機会を与えることを奨励したのである。

この報告書の提案が、伝統的なパブリック・スクールにどのような影響を及ぼしたかを描いたのがウォレン・チェタム＝ストロード(一八九六〜一九七四)の戯曲『モルモット』(一九四六年)である。この作品は現在ではほとんど知られていないが、上演当時は人気を博しロンドンで十六ヶ月のロングランの後、一九四八年には映画化された。舞台は、セイントベリー・スクールという架空のパブリック・スクールである。教師で寮長の一人、ハートリーは保守的で伝統を重んじる人物であり、「フレミング報告書」の提案にまっこうから反対している。

ハートリー：セイントベリーではうまくいかないことは確かだ。調査委員会の提案の一つは、生徒の二十五パーセントを公立の小学校出身者で埋めろというんだ。（ショックを受けた様子で）考えてもみたまえ。ポプラーやステップニー(ロンドン東部の地名)や、マンチェスターのスラム街から、薄汚い餓鬼どもがセイントベリーにやってきて、紳士になろうとするんだ。その費用が我々の税金から出されるんだからな。

（ウォレン・チェタム＝ストロード『モルモット』一九四六年）

ハートリーは新任の教師ロレインに、フレミング報告書の提案は強制ではないのだが、校長はこの報告書の発表を受けて、ロンドンの公立の学校からやってくる少年に奨学金を出すよう理事を説得した、と説明する。ロレインはこの試みに興味を示すが、ハートリーは、これは校長の作戦であり、率先してそのような生徒を入学させる「実験」を行なうことによって、フレミング報告書の提案を退ける根拠を作ることができるというのだ。つまり、ハートリーは、最初からこの「実験」が失敗に終わると確信しているのである。校長が選んだ生徒、ジョージ・リードはタバコ屋の息子だった。彼は教育を受けるチャンスにとびついたものの、テーブル・マナーに問題があり、身だしなみが悪く、訛りが強く、父親の自慢をするので同級生からも好かれていない。学校になじめず、逃げ出そうとするが、ロレインに説得されて残ることを決意する。

第二幕ではすでに三年経過していて、リードはすっかり学校になじんでいる。しかしハートリーはそんなリードを、その出身階級ゆえにどうしても信用できないのである。そしてハートリーは体調を崩し、若いロレインに寮長を継いでくれと頼んで引退する。結局自分は古風で変化に対応できないが、改革は必要だと悟ったのだ。そして学校の理事会は、戦争の記念基金を、卒業生の息子のほか、リードのような経済的に恵まれていない生徒の奨学金にあてることを決定するのである。

この芝居で「モルモット」のジョージ・リードはすっかりパブリック・スクールになじむだけでなく、学校を見学に来た父親も「この手の学校がやるのは教育だけじゃないんだ、人生で大切なのは人格なんだ」と、パブリック・スクールの精神を認めている。父親は最初は息子をパブリック・スクールに入れることについて、「分不相応な教育を受けさせるとよいことはない」と反対していた。しかし息子の成長を見て、パブリック・スクールが「チーム精神」、「責任感」、「チャレンジ精神」、「協調性」などを培うことを悟り、息子がケンブリッジ大学に進学する可能性にも理解を示すのである。

しかしこれがかなり理想化された話であることは明らかであり、「フレミング報告書」は結局、予算や生徒の選抜方法などが問題となり、パブリック・スクールや地方自治体の一貫した支持も得られず、結果を生み出さなかった。

カリキュラムの変革

一九四四年に教育に関する法律が施行され、公立の中高等学校制度が整備されたのは、前の章でも触れたとおりである。これは理論的にはパブリック・スクールを始めとする私立の学校、特に通学制の学校を脅かすものであった。この脅威を受けて、パブリック・スクールは急速に変化せざるを得なかったのである。また、教育に関する一九五七年の法律により、パブリック・スクールはすべて正式に政府に登録することを義務づけられ、定期的に施設等の検査を受けることになった。

前章で見たようにグラマー・スクール出身の優秀な生徒が大学をめざすようになると、パブリック・スクールでも生徒の学力を上げることに、より力を注ぐようになった。労働市場において、大学卒業者がそれまでよりも優遇されるようになり、大学進学志望者も増え、競争も激しくなった。それまでのスポーツ重視という風潮も変わっていったし、下級生が上級生の使い走りをするファギングの習慣も多くの学校で廃止された。

また、大きく変わったのがカリキュラムだった。ギリシャ、ラテン古典が最優先だったのに対し、英文学と科学系の科目が増やされていった。多数の科学者を育てていくことが国家として必要になり、それまで科学を軽視どころか蔑視さえしていたパブリック・スクールも、科学の教育に力を入れるようになったのだ。一九五七年以降は、多くの民間の企業がパブリック・スクールに寄付をして、実験室などの整備を可能にした。しかし、このようにカリキュラムが多様化しても、しばらくはこれらの科目は古典よりも劣るものとみなされ、教える教師も古典教師からは見下されていた。また現在でも科目における「優劣」の感覚が根強く残っているのは興味深い。

イギリスの学校では、小学校の頃から能力別クラス編成(ストリーミング)が当たり前のように行なわれているが、私が一時期在学していたチェルテナム・レイディーズ・コレッジでは、生徒の学力をはかる目安として、ラテン語のレベルが用いられていた。また、あるマイナー・パブリック・スクールではもっと分かりやすく、一学年は三つのレベルに分かれており、トップのレベルはLクラス、真ん中のレベルはEクラス、そして一番下はSクラスと呼ばれていた。Lはラテン語、Eは経済学(Economics)、そしてはSは社会学(Social Science)の頭文字であり、たとえなんらかの理由でラテン語をとっていなくても、学力が高いと認められれば、Lクラスに入れられるのである。

科学科目にもこのようなヒエラルキーがあり、化学が一番上、その次が物理、そして一番下が生物だった。つまりLクラスの生徒は、自分の意思とは関係なく化学を学び、Eクラスは物理、そしてSクラスは「暗記さえすればよい」と見なされていた生物学を学ぶというしくみである。「楽勝」と見なされる科目を英語ではソフト・オプションと呼ぶが、生物学や社会科学（あくまでも中等教育レベルのことだが）はまさにソフト・オプションと見なされていたのである（ただしこれは一九七〇年代の話で、現在では典型的なソフト・オプションとして必ず上げられるのは「メディア・スタディーズ」である）。

共学化と同性愛

時代に追いつくために、男子校だったパブリック・スクールの多くは共学となった。その皮切りはモールバラ・コレッジで、一九六八年に最上級の六年生（六年生のみ二学年ある。日本の高校二、三年に当たる）に十五人の女子生徒を入学させて話題になった。その後、同じように六年生にのみ異性の入学を許す男子校、女子校が増え、その過程を経て男女共学となる学校が多かった。

六年生に女子生徒を入れたことの一つの結果として、男子生徒の間で同性愛に関する言及がほとんどなくなったということを、デイヴィッド・ターナーはその著書『オールド・ボーイズ――パブリック・スクールの衰退と復活』に書いている。こうしてまた一つ、パブリック・スクールの「伝統」がなくなっていくのである。ちなみにイギリスでは一九六七年に男性どうしの同性愛行為が違法でなくなった。

労働党政権とパブリック・スクール

二十世紀も半ばを過ぎると、パブリック・スクールはいよいよ苦境に立たされることになる。特に一九六四年に労働党が政権を握ると、事態は悪化するばかりであった。ターナーは次のようにコメントしている。

第二次世界大戦後の数十年は、パブリック・スクールにとって厳しい時期だった。それでも保守党に政権があった時にはまだ、パブリック・スクールの校長たちは、経済的および社会的状況がどんなに悪くても、少なくとも政府が彼らの学校を目の敵にしてはいないという慰めがあった。しかし労働党が政権を手にしたいくつかの時期においては、そういう慰めは存在しなかったのである。

（デイヴィッド・ターナー『オールド・ボーイズ――パブリック・スクールの衰退と復活』二〇一五年）

政権を握った年、労働党はパブリック・スクール調査委員会を任命し、パブリック・スクールを公立の制度に統合する可能性を探り始めた。委員会は六八年、パブリック・スクールを含む寄宿学校に対して、学生の寄宿費を政府が一部負担する代わりに、経済的に寄宿学校への進学が不可能な家の子供を無料で入学させる、という制度を提案した。しかしこの案は、政府に経済的負担をかけすぎるということで却下された。七〇年には保守党が再び政権を握り、パブリック・スクールに対する労働党の敵意はさらにあらわになっていった。それまでパブリック・スクールに与えられていた「慈善事業」という資格を剥奪し、さらに、学費の徴収を禁止する制度を作ることによって、最終的にはパブリック・スクールを一掃しようとまで目論んだのである。

このような思い切った政策には階級闘争がからんでいたことは言うまでもない。特に保守党政権下の一九七三年に、労働党の影の内閣の教育相だったロイ・ハタスリーの次の言葉は有名である。

私がなによりも言っておきたいのは、この国における私立学校の数を減らし、最終的にはまったくなくすというのが我々の真剣な目的であるということだ。

とは言え、翌年ハロルド・ウィルソン率いる労働党が政権を得てからも、労働党は思い通りにパブリック・スクールをつぶすことはできなかった。その最も大きな理由はおそらく、今まで見てきたように、パブリック・スクールという存在が、それに無縁なイギリス人にとっても、大切なイギリスの伝統の一つとして見なされていたことだろう。学校物語がこのイメージづくりに大きな役割を果たしていたのはすでに書いたとおりだが、それに加えて、第一次世界大戦において、パブリック・スクール出身の士官たちの勇気と自己犠牲がマスコミ等に讃えられ、第一次世界大戦と言えばパブリック・スクールという連想までもが一般的になったのである。

さらに、「戦争詩人」として知られる、ルパート・ブルック(一八八七〜一九一五、ラグビー・スクール出身)、ジーグフリード・サスーン(一八八六〜一九六七、モールバラ・コレッジ出身)、エドワード・トマス(一八七八〜一九一七、セント・ポールズ・スクール出身)、ロバート・グレイヴズ(一八九五〜一九八五、チャーターハウス・スクール出身)などのパブリック・スクール出身で第一次世界大戦に従軍した詩人たち(第一次世界大戦の「戦争詩人」はパブリック・スクール出身者ばかりではなかったが)の作品が愛読され、学校の教材にも使われていたこともその理由の一つだろう。特にブルックやトマスのように、戦死した（ブルックは戦場で病死したのだが）詩人もいたことが、彼らをさらに注目の的にしたのである。

コンプリヘンシヴ・スクール

次に労働党が標的にしたのは、パブリック・スクールではなくグラマー・スクールだった。グラマー・スクールは「十一歳くらいで子供の人生を決めるのは酷である」という理由で一九七六年の教育法と共に廃止され、公立のグラマー・スクールは、コンプリヘンシヴ・スクール（総合中等学校）にとって変わられた。コンプリヘンシヴ・スクールでは、中学レベルまで到達した時に、学校に残ってあと二年教育を受け、大学に進学するか、十五歳で卒業するか選ぶことができる。地域によっては政府に反抗してグラマー・スクールを廃止することを拒むところもあり、現在でも一六三の公立のグラマー・スクールが残っている。

また、グラマー・スクールの中には直接補助学校と呼ばれるものがあった。これは事実上は私立学校だが、四分の一から半分あまりの生徒の学費を免除する代わりに、政府から補助を受けていた。政府はこれらの学校に対しても、公立のコンプリヘンシヴ・スクールになるか、あるいは完全に私立校になるか、選択を迫ったのである。その結果六十校がコンプリヘンシヴ・

スクールになる道を選び、百十八校が私立校となることを選んだ。結局は政府は私立校の数を逆に増やしてしまったわけだが、その後の法律改正によって、一時的に増えた私立校を減らしていけると思っていたらしい。しかしそれが実現する前に、労働党は一九七九年の総選挙でマーガレット・サッチャー率いる保守党に惨敗したのである。

公立のコンプリヘンシヴ・スクールにひじょうに悪いイメージがついていたのもこうなった理由の一つだった。進学をめざす生徒と、中等教育を終えたらすぐに学校を出たいという生徒を一緒に学ばせるということは、平等主義的で進歩的な考えに基づくものであったはずだが、結果としては、真剣に勉強したい生徒の足を、そうでない生徒がひっぱり、全体的に学力が下がるという現象が起こった。特に大きな都市の中の、経済的に貧しい人々の暮らす地域の学校は秩序が保たれず、学級は崩壊し、荒れ放題というイメージがあった。「ああいう学校の先生は毎日が命がけみたいよ」と、当時私が通っていたロンドンの私立校クイーンズ・コレッジの英文学の教師が、優越感を漂わせながら言っていたことを覚えている。

学校ドラマがつくったイメージ

コンプリヘンシヴ・スクールのこのようなネガティヴなイメージは、その後もテレビドラマによって広まっていった。『グレンジ・ヒル』（一九七八〜二〇〇八年）、『希望と栄光』（一九九九〜二〇〇〇年）、『ウォータールー・ロード』（二〇〇六〜一五年）などがその例である。いずれも国営放送BBCで放映された。特に『グレンジ・ヒル』は、コンプリヘンシヴ・スクールを写実的に描いた初めてのドラマとして話題になった。それまでは、学校物語がパブリック・スクールを舞台にしたものばかりだったのと同様に、学校ドラマも『トム・ブラウンの学校生活』のドラマ化など、やはりパブリック・スクールを扱ったものしかなかった。その意味で、『グレンジ・ヒル』は初めて、若いテレビ視聴者の多くに馴染みのある「普通の」公立学校を扱った斬新なものだった。

内容は生徒たちの日常を描いたもので、万引き、いじめ、悪戯など、それまでのパブリック・スクールものの内容と大きく変わるわけではない。しかし、舞台がコンプリヘンシヴ・スクールであり、ロウワー・ミドル・クラスやワーキング・クラス出身の生徒たちを写実的に描いているということで、そのすさんだ様がかえって強調され、コンプリヘンシヴ・スクールそのものに対する批判のようにもなってしまっていた。また、『希望と栄光』や『ウォータールー・ロード』は、生徒の振る舞いが悪く、学力も低いために生徒数が減り、閉鎖を迫られているコンプリヘンシヴ・スクールの改革にいどむ教師を描いているのだが、そのために、またネガティヴなイメージが強調される結果となっている。

それまでは、例えば左派の政治思想を持つミドル・クラスの親が、たとえ経済的に余裕があってでも子供をあえて公立校に入れるということはめずらしくなかったのが、少々無理をしてでも子供を私立校に入れるということが多くなった。また、学校の雰囲気や教育の質がそう悪くない、経済的に豊かな地区でのコンプリヘンシヴに子供を入れようと、引越しをする親もいた。こうしてコンプリヘンシヴ・スクールの中でも、大きな格差が出てきてしまうのである。

だが、二〇一六年八月、その前月にイギリスの首相となったばかりのテレーザ・メイが、グラマー・スクールを戻そうとしているというニュースが発表された。イギリスの教育制度は政党と共にころころ変わると、以前寄宿学校の友人が説明してくれたことがあったが、グラマー・スクールに関しては、同じ保守党のデイヴィッド・キャメロンはその再導入に反対していた。

自らがグラマー・スクール出身であるメイの懐古趣味だと、二〇一六年八月九日付の『タイムズ』紙の記者レイチェル・シルヴェスターは批判している。ただしメイは牧師の娘で、私立学校に行っていたこともあり、『ヒストリーボーイズ』を書いたベネットのようなグラマー・スクール卒業生とは少し違う。グラマー・スクールに関する正式な政策は二〇一六年中には発表されるということだが、グラマー・スクールが復活するとしたらどのような形で、どのような生徒たちを集めるのか、きわめて興味深い。

国際化と家庭主義

話をパブリック・スクールに戻そう。一九八〇年代は、デイヴィッド・ターナーによると、再びパブリック・スクールの「黄金時代」となった。コンプリヘンシヴ・スクールの状態は、サッチャーが公立校への援助金を削減したことによってますます悪化した。さらに一九八一年に、政府は私立学校に対して特別奨学枠というものを設けることを奨励した。これは、政府が学費を部分的あるいは全額負担して、経済的に余裕のない家庭の子供がパブリック・スクールに入学することを可能にするという制度である。こうして公立校からはまた優秀な子供が抜け、水準が下がる一方で、パブリック・スクールは優秀な生徒を集めることができ、業績を上げることができたのである。だがこの制度も一九九七年に労働党が政権を得た時に廃止になった。

パブリック・スクールのこの「黄金時代」はつかの間で、一九九〇年代にはパブリック・スクールは生徒数の減少で悩むことになる。ターナーはその理由の一つとして、これまで海外在住のイギリス人たちが子供を本国の寄宿学校に入れていたが、インターナショナル・スクールが増えたことによってその必要がなくなったからだと説明している。確かに私が在学していた寄宿学校にも、親が仕事で海外に勤務しているという生徒が少なくなかったし、そういう生徒を、休みの際に学校から空港まで車で送り迎えする制度も充実していた。しかし一方で、彼らは親が海外に赴任しなければ家から通える学校に行っていたかというと、疑問が残る。そもそも彼らの親は寄宿制のパブリック・スクールに入れることが良い教育であると考えて子供を預けているのであり、決して便宜上入れているわけではないのは、同級生たちの話からも想像ができた。なかには、寄宿学校に入れる年齢に達するまでは、通学制の学校には行かず家で教育を受けていたと言っていた同級生もいた。

おそらく、パブリック・スクールの生徒数が減少したもっと大きな理由は、子供をあえて寄宿舎に入れて、厳しく育ててもらうという考えを抱く親の数が減っていったということだろう。家庭中心主義の風潮が強まり、なるべく子供と多くの時間を過ごしたいという考えが主流になっていった。さらに、パブリック・スクールでは、質素で厳しい生活が強いられる。イートンなどの、アッパー・クラスの家庭の子供が多く学ぶ学校でもそれは同様である。一九九〇年代になるとますます快適になる家庭環境とのコントラストが大きくなっていったことも、寄宿生活の人気が下がっていったことの原因の一つだった。

排他性という問題

また、寄宿学校に入ることによって、どうしても社会から断絶される状況におかれることも問題だった。私が在学していた頃は、学期中の外出といえば、毎日の寮から校舎までの十分程度の行き来(しかも必ず二人以上でという決まりがあった)と、日曜日に教会に行った帰りに、当時はめずらしく日曜日に開いていた菓子屋に寄ることが許されていたほかは、何週間に一度、あらかじめ許可をとって、やはり二人以上で町に買い物にいくことができただけだった。テレビも、土日の午後と、火曜日の夜に放映されていた当時の人気歌謡番組『トップ・オブ・ザ・ポップス』を特別に見ることを許されたが、それ以外は禁止だった。相当に外から隔離された生活を送っていたのである。もちろん休暇には実家に帰り、そこで社交生活が行なわれるものの、そこで出会うのは、基本的に自分と同じ階級の人間である。つまり十一歳から十八歳までフルに在学する生徒は、成長過程の大事な期間に、自分の所属する階級以外の人間とは、ほとんど接点をもたないということになる。二十一世紀を迎えようとするイギリスにおいて、さすがにそれは問題とみなされるようになっていったのだろう。共学の寄宿学校が増えてきたように、通学制に変わっていった寄宿学校もあった。

留学生の増加

生徒数の減少への対応の一つとして、多くのパブリック・スクールは海外からの寄宿生を増やす方針をとった。ターナーが挙げるデータによると、一九七五年にはパブリック・スクール在学の海外からの留学生は九千人だったのが、一九八〇年代には一万二千人となり、二〇一四年には二万四千人以上だったという。こうしてパブリック・スクールはより国際色豊かになっていくのだが、それもまた新たな問題を生み出した。イギリスの保守系の週刊誌『スペクテイター』の二〇一四年十一月二十九日号に掲載された「リベラルな教育？」という記事には次のような記述がある。

中国、ナイジェリア、ウクライナ、ロシア、そしてペルシア湾岸諸国から新たにやってきた裕福な生徒達は、新たな、そして多くの場合相反する文化をもちこんできた。過去二十年間というもの、現代社会に適応できるように生まれ変わろうとしてきたパブリック・スクールに、きわめて「伝統的な」価値観を持って入ってくるのである。

ここに書かれている「伝統的な」価値観とは、特にセクシュアリティに関するものや、人種に関するものだった。ハーマンはこの記事で、ロンドンの通学制のパブリック・スクールで起こったある事件を挙げている。ウクライナ出身の二人の生徒が談話室で二人の同性愛の生徒に襲いかかったのだった。この学校には同性愛嫌悪や人種差別をとりしまる学則があったが、ウクライナの生徒たちは退学にはならなかった。ハーマンはこの処分の甘さには、彼らが、高い学費を払ってくれる、貴重な留学生だったからではないかと推測している。他のパブリック・スクールでも似たような事件は起こっているということだった。

生き残るために、海外にインターナショナル・スクールを作ったパブリック・スクールもある。例えばイギリスで最も有名なパブリック・スクールの一つであるハロウ・スクールは、一九九八年にバンコクに、二〇〇五年に北京に、そして二〇一二年に香港にハロウ・インターナショナル・スクールを開校した。ハロウはまた、夏休みに校舎を、海外からの語学研修生を受け入れるサマー・スクールに提供している。

スーパーヘッドたちの改革

また、二十世紀の終わり頃には、「スーパーヘッド」と呼ばれる新しいタイプの校長が話題を集めるようになった。この言葉は一九九八年に初めて使われたが、最初は、都市の貧しい地域の公立学校に任命され、それを一人で一気に立て直していった、「スーパーマン的な」校長を指すものだった。彼らは野心的で優秀であり、その能力に対して高額を支払われていた。だが、『スペクテイター』の二〇一六年二月二十日号に掲載された「ビッグ・ヘッズ」という記事によると、時にはこれらのスーパーヘッドは調子に乗って、学校の資金を自分の休暇に使うといった不正を行ない、辞任に追い込まれるといったスキャンダルが続いたということである。

この「スーパーヘッド」が、その後私立校にも現われるようになった。「ビッグ・ヘッズ」によるとこれらの校長は、写真写りがよい人々で、話題を集めるような新しい方針を打ち出して、マスコミの注目を集めている。例えば共学のパブリック・スクールであるブライトン・カレッジの校長リチャード・ケアンズは、二〇一二年に『タトラー』誌の「パブリック・スクール校長賞」を受賞し、翌年には学校が「英国学校賞」を受賞しているスーパーヘッドだが、一六年の二月には、制服について新しい方針を発表して話題となった。今後ブライトン・カレッジでは、男子生徒と女子生徒はどちらも、ズボンかスカートを選ぶことができるという方針であり、「トランスジェンダー」の生徒への配慮だった。『スペクテイター』の記事の筆者イセンダ・マックトン・グレアムは、ケアンズがこうしてまた学校のイメージを良くしたことを「賢い！」と揶揄的に賞賛している。ブライトンの町が、イギリスの中でも同性愛者が多いことで有名なのも、この方針がまわりに好意的に受けとめられたことの要因だった。ブライトン・コレッジは二〇一〇年にアブ・ダビ校を開校している。

また、第三章でもとり上げたパブリック・スクール、ウェリントン・コレッジ(二〇〇五年から共学になった)では、二〇〇六年から一五年まで校長を務めたアントニー・セルドンが、「ヨガ」や「ハピネス」の授業を導入したことで知られている。グレアムは、このような「自由な」方針は、現代の新しい金持ちを喜ばせるものであり、彼らにとって子供が在学しているパブリック・スクールは、ブランド品のバッグと同様、人に誇示する装身具のようなものであると、いかにも保守的な『スペクテイター』らしいことを書いている。

しかも、これらのカルト的な若いスーパーヘッドはPR活動等に忙しく、ほとんど学校にいないということだ。パブリック・スクールでは、アーノルドの例でも見てきたように、校長がきわめて重要な存在であり、どんなに忙しくても、生徒の性格や学力を一人一人把握していて、最上級生の授業は自ら担当していた。例えばクイーンズ・コレッジでは校長が自ら時間割の作成をし(特に上級生は一人一人が科目を選ぶことができるので、かなり複雑な作業となる)、大学進学の際には、一人一人に丁寧な推薦状を書いてくれた。しかし現在のパブリック・スクールで生徒に「校長先生はどんな人ですか？」と聞いても答は「ほとんどお会いしてません」であることがしばしばだとグレアムは嘆いている。

小説のなかのスーパーヘッド

第四章でも触れた、イギリスの階級をユーモアたっぷりに描いた著書『クラース――イギリス人の階級』で知られているジャーナリストで小説家のジリー・クーパーの小説『ウィキッド！』(二〇〇六年)は、コンプリヘンシヴ・スクールとパブリック・スクールのスーパーヘッドを扱っている。舞台はラークミンスターという架空の町である。そこにはバグリー・ホールという男女共学のパブリック・スクールが一つと、公立の学校が三つある。三つのうちの二つは質の良いコンプリヘンシヴ・スクールだが、町の中でも貧しい人々が暮らし、犯罪も頻発する地域にあるラークミンスター・コンプリヘンシヴ・スクールは、「身の毛もよだつような劣悪な学校」なのである。

物語のヒロイン、ジャナ・カーティスはこの学校の校長の職に応募し、採用される。ジャナは年は若いが、別の地域のコンプリヘンシヴ・スクールの立て直しに貢献した経験があり、自信に満ちている。しかしラークミンスター・コンプリヘンシヴの用務員のウォリーは、ジャナにこう語る。

「あなたを脅かしたいわけではないですが、生徒たちはやりたい放題です。奴らのほとんどはものを壊すために、それとサッカーをしに学校に来るんです。それ以外の奴らは子作りをしてるか、悪いことをして出廷している。教師のせいでまったくやる気がない。教師は「ストレス」で病気休暇をとってるか（ここでウォリーは「嘘をつけ」という風に鼻をならした）、退職金をもらいたいから我慢して残ってるおいぼれた恐竜か、文句ばっかり言って、一分でも残業させられたらストをすると脅かす共産党員ばっかりですよ」

他の教員から冷たい目で見られ、学校の理事からも協力を得られないジャナに救いの手を差し伸べるのは、同じ町のパブリック・スクールであるバグリー・ホールのカリスマ的な校長、ヘンジスト・ブレット＝テイラーである。ワーキング・クラス出身で私立学校を嫌っているジャナは、最初はヘンジストの助けなどいらないと思うが、ヘンジストの魅力に負けて、バグリー・ホールとラークミンスター・コンプリヘンシヴの交流を実現させようという彼の提案を受け入れる。

ラークミンスターの不良たちを手なずけたジャナは、彼らをバグリー・ホールに連れていき、ヘンジストが選んだ学生たちと交流させ、さらにシェイクスピアの『ロミオとジュリエット』を、共同で上演することにも成功する。

ラークミンスターの不良たちは、煙草を吸い、酒を飲み、万引きをし、学校の設備を壊すといった風で荒れ放題だが、実はバグリー・ホールの生徒たちも負けてはいない。ロシアの官僚の息子アナトールはウォッカの瓶をこっそり持ち歩いているし、有名な指揮者の息子のコズモは音楽の才能はあるが、いじめっ子で、人種差別者だ。新入生のドーラは学校で何か問題が起こると隠し撮りした写真をタブロイド新聞に売って稼いでいるし（パブリック・スクールのスキャンダルは新聞ダネになる）、彼女の双子の兄は学内でこっそり酒と煙草を売っている。

校長のヘンジストがジャナに生徒どうしの交流を申し出たのも、純粋に彼らに何かしてあげたいというよりも、自分の学校が地域に貢献しているという実績をつくるためである。さらに、若くて魅力的なジャナに近づきたいという下心もあった。しかし、ラークミンスター・コンプリヘンシヴが閉鎖の危機におちいると、バグリー・ホールの教員も生徒もラークミンスターを支持する。レベルの高い公立学校に近い区域に住むことのできる、上昇志向のロウワー・ミドル・クラスが彼らの敵であり、アッパー・クラスとワーキング・クラスが団結して彼らに立ち向かうという、イギリスで好まれるタイプの階級対立なのである。

ペーパーバックで千ページ近くあるこの小説は、読みやすいが物語や人物描写が特に優れているわけではない。不良グループがすぐにジャナに心を開くのも不自然であまり説得力がない。しかしクーパーはこの小説の執筆に四年をかけ、その過程において多くの公立、そして私立の校長や教員に取材をしたことが巻末に書かれている。教員の気持ちを知るために、公立学校で教壇にたつという体験までしたそうだ。あくまでもフィクションではあるが、現在のイギリスのパブリック・スクールとコンプリヘンシヴ・スクールのイメージを知る助けにはなるかもしれない。

学力アップは是か非か

生き残るためにパブリック・スクールは伝統から離れていかなければならないのだが、また一つ、パブリック・スクールの伝統を脅かすものが現われた。「リーグ・テイブル」と呼ばれる、成績対比一覧表である。これは一九九一年の八月にイギリスの保守系の新聞『デイリー・テレグラフ』紙が始めたもので、高校卒業資格試験である「一般教育証明書」のアドバンスト・レベル(通称Aレベル)の試験の成績をもとに、各学校のランク付けを示したものである。

これは学校にきわめて大きな圧力をかけた。トップの優秀な生徒だけでなく、それほど優秀ではない生徒も、なるべく多くがＡレベルで良い成績をとれるように教員が気を配るようになった、というのがリーグ・テイブルがもたらした良い結果の一つだと言われているが、逆にＡレベルの結果を学校が過剰に気にするようになったのも事実だった。

このような学力へのこだわりが、伝統的なパブリック・スクール精神とは相反するものであるのは、これまで書いてきたとおりである。デイヴィッド・ターナーはイートン・コレッジについて次のような記述をしている。

リトルが校長をしていた十年間、リーグ・テイブルにおけるイートン・コレッジの順位について生徒の両親から送られてきた手紙は三通のみだった。三通とも同じ週に来た。イートンがイギリスのＡレベルのリーグ・テイブルで第一位を占めたというニュースが発表された後だった。三通とも苦情の手紙だった。もしそんな高い順位にあるのならば、イートンはイートンにおける教育の他の重要な側面をなおざりにしているのではないか、というものだ。

（デイヴィッド・ターナー『オールド・ボーイズ』二〇一五年）

とは言え、現在のパブリック・スクールは生徒の人格形成だけでなく、学力指導においても優れているというのが一般的なイメージである。

しかし、コンピューターを始めとする新しい機器や設備に関する費用がかさむなか、近年は学費がさらに引き上げられ、ますます敷居が高くなっていった。破産して、債権者に学校の運営を任すようになった学校もあった。アッパー・クラスやアッパー・ミドル・クラスの家庭でも、よほど財力がないと子供をパブリック・スクールに入れることは難しくなり、なるべく「良い」地域に住んで、地元の公立学校に子供を入れる一方で、パブリック・スクールの教師等に家庭教師を依頼する家庭も増えていった。その代わりに金持ちの外国人、起業などで高収入を得ている「新しい」ミドル・クラス、さらにセレブの子供たちがパブリック・スクールに入るようになった。

パブリック・スクールのいじめっ子

とは言え、「はじめに」であげた法曹界の例のように、パブリック・スクールに対する伝統的なイメージは、いまだにイギリスに根付いている。比較的最近の例を挙げると、二〇一一年五月に行なわれた議会での質疑応答において、当時の労働党の党首エド・ミリバンドが、首相デイヴィッド・キャメロンを「フラッシュマン」と呼んだことが話題となった。

フラッシュマンとは、トマス・ヒューズの『トム・ブラウンの学校生活』に登場するいじめっ子であり、最終的には退学となって物語から姿を消す（五四ページ参照）。のちにジョージ・マクドナルド・フレイザー（一九二五〜二〇〇八、「はじめに」で紹介したカーロ・フレイザーの父）という作家が、一九六九年に出版された小説『フラッシュマン』で彼を主人公として登場させ、それが人気を博したため、翌年の『ロイヤル・フラッシュ』、七一年の『自由を求めるフラッシュ』、七三年の『突撃するフラッシュマン』など、二〇〇五年まで次々とフラッシュマンのシリーズを発表した。フレイザーの小説でも、フラッシュマンはヒューズの小説に描かれていたとおりの卑怯でずる賢い臆病者なのだが、悪知恵と運の良さが重なって結局英雄となるという設定になっている。

キャメロンはイートン出身で、ラグビー出身のフラッシュマンとは異なるのだが、ミリバンドがキャメロンを「フラッシュマン」と呼んだのは、キャメロンが議会において人を萎縮させるような口調で責めることで悪名高かったこと、そして女性の政治家に対して尊大な態度をとったり、貧しい人々に対する思いやりに欠ける発言をすることなどで知られているからである。パブリック・スクールのいじめっ子というフラッシュマンのイメージが、イギリスでは広く知られていることを物語っている。

パブリック・スクール出身者は嫌われる？

階級意識が依然として強く残っているイギリスにおいて、一つ大きく変わったことは、アッパー・クラスやアッパー・ミドル・クラスの人々やその価値観、文化、話し方に、ほとんど自動的に敬意を抱くということがなくなったということだろう。むしろ、アッパー・クラスの話し方と発音は反感を抱かれるということで、サービス業等に従事するアッパー・クラスやアッパー・ミドル・クラスは、あえて話し方やアクセントを変えようとするとさえ言われている。

こうした中、パブリック・スクール出身であることが必要以上に批判の対象になったりもする。例えば二〇一二年三月に、財務大臣で、セント・ポールズ・スクール出身のジョージ・オズボーンが「コーニッシュ・パスティ」と呼ばれる、ひき肉を使った小さなパイに、二十パーセントの税金を課すことを決めた。オズボーンのこの決断は理にかなったものだった。イギリスでは、家に持ち帰って食べる食品については税金は課せられないが、その場で食べるために調理されている食品には二十パーセントの税金がかかることになっていた。それまでコーニッシュ・パスティやソーセージ・ロールといった軽食は税金がかからなかったのだが、オズボーンはこれらを持ち帰り用ではなく外食であるとして課税対象だと判断したのだった。基本的にはコーニッシュ・パスティは典型的なワーキング・クラスの食べ物として知られているため、オズボーンが「あなたが最後にコーニッシュ・パスティを食べたのはいつだ」と聞かれて答えられなかったことが大仰に報道された。その後、首相のキャメロンは、自分は最近リーズ駅でコーニッシュ・パスティを買って食べて、たいへん美味しかったと発言したが、それに対してメディアはリーズ駅ではパスティは二〇〇七年以降売られていなかったはずだと報道した。ばかばかしく思えるこのやりとりだが、この背景には、オズボーンやキャメロンがパブリック・スクール出身者だということ、そしてそれに伴う階級闘争の要素があるのは明らかである。

パブリック・スクールはこのように様々な変貌をとげてきており、その伝統や精神も変化してきた。そのイメージは今では批判や揶揄の的にもなるし、今後生き残るためにはまた様々な困難があることは容易に想像できる。しかしそれでも、パブリック・スクールがイギリスの文化において今でも大きな存在であり続けることは変わらないだろう。

おわりに

私が最初にパブリック・スクール、正確に言えばパブリック・スクールを含む寄宿学校に興味を持つようになったのは、子供の頃に通っていた香港のイギリス人学校の図書室に置いてあった本を通してだった。イギリスの子供が必ず接すると言ってよい「古典」には、寄宿学校への言及が多い。例えばA・A・ミルンの『くまのプーさん』の続編である『プー横町にたった家』(一九二八年)では最後にクリストファー・ロビンがプーたちに別れをつげる。

クリストファー・ロビンはどこかに行ってしまうのでした。誰もどこに行くのかは知りませんでした。というか、クリストファー・ロビンがどこかに行ってしまうことをなぜ自分が知っているのかさえ誰も知りませんでした。でもなぜか、森のみんなはとうとうその時がきたことを感じていたのです。

(A・A・ミルン『プー横町にたった家』一九二八年)

これはもちろん、クリストファー・ロビンがプーをはじめとするぬいぐるみにあふれる子供部屋を後にして、成長したということの象徴なのだが、同時に彼が物理的に家を離れる、つまり寄宿学校に行くことをも意味している。これはミルンの息子のクリストファー・ロビンだからということではなく(クリストファー・ロビンはこのように実名でプーの物語に登場したので、生涯からかわれ、揶揄された)、当時のアッパー・ミドル・クラスの子供にとってはそれが当然のことと受けとめられていたのである。

また、マイケル・ボンドの『くまのパディントン』(一九五八年)では、物語のはじまりでパディントンがブラウン夫妻に発見されるのは、彼らが娘のジュディが寄宿学校から帰るのを迎えに行った駅である。ブラウンさん一家のような庶民的で、そう経済的に豊かでもない家族でも娘のジュディ、そして息子のジョナサンをそれぞれ寄宿学校に在学させているのである。

ただし、第二章でも書いたように、二十世紀半ばくらいまでのイギリスの児童文学はアッパー・ミドル・クラスの作家が同じ階級の子供のために書いたものであり、ブラウン一家もまたその階級に属するのは明らかである。そして、それがまるで当たり前のこととして書かれた書物を、他の階級の子供たちも読んで育っていくのだ。

しかし幼い私にとって何と言っても面白かったのは、じっさいに寄宿学校を舞台とした物語である。私の子供の頃はすでに、本書で紹介したような男子パブリック・スクールを舞台にした学校物語はあまり読まれておらず、女子校ものもアンジェラ・ブラズルの作品などはとうに絶版になっていたが、イーニッド・ブライトンの「セント・クレアズ」と「マロリー・タワーズ」シリーズは相変わらず人気があった(その人気は今でも変わらず、ブライトン亡き後はパメラ・コックスという作家が「続編」を書いているくらいである)。

私はブライトンの学校ものを読破して、いつしか「イギリスの寄宿学校」に行きたいと思うようになっていた。その願いが実現したのは香港勤務の後、父がオランダのアムステルダムに赴任して、家族でそこに住むようになってからである。アムステルダムのインターナショナル・スクールには十年生までしか学年がないこともあり、私は七年生だった十四歳くらいの時に、本書でも触れたチェルテナム・レイディーズ・コレッジという女子パブリック・スクールに入った。父がイギリス人の友人に尋ねたところ、「一番のお薦めだ」と言われたからである。学校物語にかぶれた娘の願いを聞き入れてくれた両親には今でも感謝している。今考えると、両親にとってもまったく新しい経験で、困惑することが多かっただろう。「学校に持ってくるもの」のリストで「マフティ洋服　三組」という項目の意味がわからず、母が頭をかかえていたのを覚えている。「マフティ」とはもともとは軍隊用語で、制服ではない「平服」を指す。つまり「普段着」ということなのだが、これはチェルテナム・レイディーズ・コレッジの学校用語で、説明されないと普通はわからないだろう。結局父が学校に電話をして聞いたと記憶しているが、パブリック・スクールにはそれぞれ、その学校専用の用語があり(他の学校と同じものもあるが)、その学校を卒業していない者には通じないものが多い。

父がその後ロンドンに転勤になったので、私も通学制のロンドンの学校に移り、最終的にはクイーンズ・コレッジで高校生活を送ったので、寄宿学校にはそう長い期間はいなかった。しかしそこでの生活がかなり自分を変えたことは自覚している。神経質で細かいことにこだわる、臆病者だった私が、「そんなに難しく考えることないよ」という学友たちの影響を受けて、余裕を持つように(そして同時にもっとだらしなく)なっていった。性格の本質はそう簡単には変わらないだろうが、「そんなに真剣になってもしょうがない」という、イギリス的とも言える気質の影響は大きかった。

学友の多くはやはりブライトンの学校ものを愛読しており、「現実の学校は全然違う」とみんなでぼやいたものだが、作品に必ずといって登場する「真夜中の宴会」はやってのけた。ビールとレモネードを混ぜた「シャンディ」という飲み物を飲んで酔っぱらったり、日本の祖母が送ってくれた「柿の種」がひじょうに好評だった(その頃イギリスにはまだ輸入されていなかった)ことを覚えている。友人たちも、何しろ授業で別々のクラスに分かれる時以外はいつも一緒なので、かなり親密になる。もちろん喧嘩もあったし、他の寮の上級生と「特別な」関係(と言っても無邪気なものだったが)にあった友人が、その上級生に「今日会ったのに無視された」と本気で泣くのをみんなで慰めたりもした。男子校のような過酷な状況ではまったくないが、共同生活そのものが窮屈に思われ、好きな時に本も読めない生活はあまり好きになれなかったが、本文で書いたパブリック・スクール卒業者の例にもれず、ふり返ると楽しいことばかり思い出されるものだ。

私ごとばかり書いてしまって恐縮だが、イギリスのパブリック・スクールにはこのように個人的な思い入れもあった。しかし今回あえてこの題材をとりあげたのは、何度も書いているように、パブリック・スクールのイメージが良くも悪くもイギリスの文化に深く根付いていることについて、それがなぜなのか考えてみたかったからである。イギリスの教育制度は良く言えばフレキシブルだが、とにかく複雑で、学年の呼び方も私立と公立では違う。私立の中高等課程では学年を「フォーム」と呼び、下から一年、二年と数え、最上級生の六年生(シックス・フォーム)は「ロウワー」と「アッパー」と二学年にわたる(この呼び名も学校によって違う)。政党が変わったら学校の性質も変わったり、地域によっても違いがあったりと、教育制度とその変遷を明瞭に説明するのがたいへん難しい。そのため本書ではあくまでもパブリック・スクールの「イメージ」に焦点を当て、学校制度そのものや数々の教育法についての説明は最小限になっている。その結果分かりにくい箇所があったかもしれないが、ご容赦いただければ幸いである。

本書を書くにあたっては多くの人のお世話になった。研究会で何度か「パブリック・スクール」をテーマに話をさせていただき、参加者の方々にコメントやヒントをいただけたのはたいへん励みになった。第五章でとりあげた、奨学生を扱った小説、そして第六章で触れたチェタム＝ストロードの戯曲『モルモット』については、東洋大学の井上美雪氏の研究発表を通して知ることができた。

また、私が執筆にあまりにも時間をかけたこともあり、なんと三人の編集者の方に担当していただいた。まずは企画を立ち上げ、構成や各章のテーマに関して貴重なアドバイスをくださった、元岩波書店編集者の平田賢一さんに多大な感謝の意を表明したい。平田さんがご在職中に完成することができなかったことは大変残念であり、この場を借りてお詫びを申し上げる。

その後に引き継いでくださった上田麻里さんには、各章について丁寧なコメントをいただいた。そして朝倉玲子さんには細部まで目を通していただき、内容はもちろんのこと、段落分けから言葉づかいや語順にいたるまで、数々のアドバイスをいただいた。皆様に心から感謝を申し上げる。

二〇一六年十月

新井潤美

引用・紹介した文献および映像作品

■はじめに

Christie, Agatha, *Death on the Nile*, in *Poirot in the Orient: Murder in Mesopotamia; Death on the Nile; Appointment with Death* (London: Harper Collins, 2001), pp. 189-417

——, *Peril at End House*, in *Poirot The Complete Battles of Hastings Volume I: The Mysterious Affair at Styles; The Murder on the Links; The Big Four; Peril at End House* (London: Harper Collins, 2003), pp. 501-665

Fraser, Caro, *A Perfect Obsession* (London: Michael Joseph, 2002)

Quigly, Isabel, *The Heirs of Tom Brown: The English School Story* (London: Faber and Faber, 2009)

■第１章

Ackermann, Richard, *The History of the Colleges of Winchester, Eton, and Westminster; with the Charter-House, the Schools of St. Paul's, Merchant Taylors, Harrow, and Rugby, and the Free-School of Christ's Hospital* (London: R. Ackermann, 1816)

Austen, Jane, *Jane Austen's Letters*, 3rd edn, ed. by Deirdre Le Faye (Oxford: Oxford University Press, 1995)

——, *Sense and Sensibility*, ed. by Edward Copeland (Cambridge: Cambridge University Press, 2006)

Chesterfield, Lord, *Letters to His Son and Others* (London: Dent, 1984)

Cowper, William, *The Letters and Prose Writings of William Cowper*. Volume II. Letters 1782-1786 (Oxford: Oxford University Press, 1981)

——, *Tirocinium; or, a Review of Schools*, in *The Poetical Works of William Cowper*, ed. by H. S. Milford (London: Oxford University Press, 1934), pp. 242-62

Dickens Charles, *The Life and Adventures of Nicholas Nickleby* (London: Oxford University Press, 1974)

——, *The Personal History of David Copperfield*, ed. by Trevor Blount (Harmondsworth: Penguin Books, 1977)

Edwards, D. L., *A History of the King's School Canterbury* (London: Faber and Faber, 1957)

Gathorne-Hardy, Jonathan, *The Public School Phenomenon: 597-1977*

(London: Hodder and Stoughton, 1977)
May, Trevor, *The Victorian Public School* (Oxford: Shire Publications, 2009)
Minchin, J. G. Cotton, *Our Public Schools: Their Influence on English History* (London: Swan Sonnenschein, 1901)
Quigly, Isabel, *The Heirs of Tom Brown: The English School Story* (London: Faber and Faber, 2009)
Thackeray, William Makepeace, *The Newcomes: Memoirs of a Most Respectable Family* (London: Smith, Elder, 1879)
Wilkinson, Charles Allix, *Reminiscences of Eton* (*Keate's Time*) (London: Hurst and Blackett, 1888)

■第２章

Ashley, Bernard, ed., *The Puffin Book of School Stories* (1992; London: Puffin Books, 1993)
Baden-Powell, Robert, *Scouting for Boys: A Handbook for Instruction in Good Citizenship*, ed. by Elleke Boehmer (Oxford: Oxford University Press, 2004)
Farrar, Frederic W., *Eric; or, Little by Little* (Dodo Press, n.d.)
Gathorne-Hardy, Jonathan, *The Public School Phenomenon: 597-1977* (London: Hodder and Stoughton, 1977)
Hughes, Thomas, *Tom Brown's Schooldays*, ed. by Andrew Sanders (Oxford: Oxford University Press, 2008)
Orwell, George, *Collected Essays* (1961; London: Secker & Warburg, 1970)
Reed, Talbot Baines, *The Fifth Form at St Dominic's. A School Story*, in *Victorian Novels of Public School Life*, ed. by Christopher Stray, Volume 3 (1881; Bristol: Thoemmes Press, 2002)
Richards, Frank, *Billy Bunter's Own* (London: Howard Baker Press, 1979)
Roberts, Robert, *The Classic Slum: Salford Life in the First Quarter of the Century* (Harmondsworth: Penguin Books, 1971)
Stanley, Arthur Penrhyn, *The Life and Correspondence of Thomas Arnold* (London: J. Murray, 1844)
Strachey, Lytton, *Eminent Victorians* (1918; Harmondsworth: Penguin Books, 1981)

■第3章
Another Country, dir. by Marek Kanievska (20th Century Fox, 1984)(日本語版 DVD『アナザー・カントリー　HD ニューマスター版』ハピネット・ピクチャーズ, 2010 年)
Buchanan, Robert, 'The Voice of the Hooligan', in *Kipling: The Critical Heritage*, ed. by Roger Lancelyn Green (London: Routledge and Kegan Paul, 1971), pp. 233-49
Churchill, Winston, *My Early Life* (1930; London: Eland, 2000)
Graves, Robert, *Goodbye to All That* (1929; Harmondsworth: Penguin Books, 1986)
if...., dir. by Lindsay Anderson (Paramount Pictures, 1968)
Kipling, Rudyard, *Stalky & Co.* (1899; Oxford: Oxford University Press, 1987)
Lunn, Arnold, *The Harrovians: A Tale of Public School Life* (1913; Los Angeles: Viewforth Press, 2010)
Mitchell, Julian, *Another Country* (1982; London: Amber Lane Press, 1989)
Mitford, Nancy, *The Blessing* (1951; New York: Carroll and Graf, 1998)
Quigly, Isabel, *The Heirs of Tom Brown: The English School Story* (London: Faber and Faber, 2009)
Vachell, Horace Annesley, *The Hill: A Romance of Friendship* (Fredonia Books, 2005)
Waugh, Alec, *The Loom of Youth* (London: Methuen, 1984)

■第4章
Austen, Jane, *Emma*, ed. by Richard Cronin and Dorothy McMillan (Cambridge: Cambridge University Press, 2005)
——, *Jane Austen's Letters*, 3rd edn, ed. by Deirdre Le Faye (Oxford: Oxford University Press, 1995)
——, *Mansfield Park*, ed. by John Wiltshire (Cambridge: Cambridge University Press, 2005)
——, *Pride and Prejudice*, ed. by Pat Rogers (Cambridge: Cambridge University Press, 2005)
Brazil, Angela, *A Fourth Form Friendship* (1912; Somerset: Girls Gone By Publishers, 2006)
Cooper, Jilly, *Class: A View from Middle England* (1979; London: Corgi Books, 1999)
Davies, Russell, *Ronald Searle: A Biography* (London: Sinclair-Steven-

son, 1990)

Fielding, Sarah, *The Governess, or Little Female Academy* (1749; Broadview Press, 2005

Gathorne-Hardy, Jonathan, *The Public School Phenomenon: 597-1977* (London: Hodder and Stoughton, 1977)

Larkin, Philip, *Jill* (1946; London: Faber and Faber, 1996)

——, *Trouble at Willow Gables and Other Fictions*, ed. by James Booth (London: Faber and Faber, 2002)

——, 'What Are We Writing For? An Essay', in *Trouble at Willow Gables and Other Fictions*, ed. by James Booth (London: Faber and Faber, 2002), pp. 253-73

Mitford, Nancy, *The Pursuit of Love* and *Love in a Cold Climate* (1945; London: Penguin Books, 1949)

Searle, Ronald, *The Terror of St Trinian's and Other Drawings* (London: Penguin Books, 2006)

Wodehouse, P. G., *The Mating Season* (1949; Harmondsworth: Penguin Books, 1957)

■第 5 章

Amis, Kingsley, *Lucky Jim* (1954; Harmondsworth: Penguin Books, 1978)

Bennett, Alan, *The History Boys* (New York: Faber and Faber, 2004)

Davies, Harry, *Culture and the Grammar School* (London: Routledge and Kegan Paul, 1965)

Garnett, Eve, *The Family from One End Street: And Some of their Adventures* (1937; London: Penguin Books, 1995)

Larkin, Philip, *Jill* (1946; London: Faber and Faber, 1996)

Leslie, Emma, *Elsie's Scholarship and Why She Surrendered It* (London: Gall and Inglis, n.d. [1898])

——, *That Scholarship Boy* (1900; New York: Milk Press, 2015)

Mitford, Nancy, ed., *Noblesse Oblige: An Enquiry into the Identifiable Characteristics of the English Aristocracy* (Oxford: Oxford University Press, 1989)

The History Boys, dir. by Nicholas Hytner (BBC Two Films, 2006)(日本語版 DVD『ヒストリーボーイズ』20 世紀フォックス　ホームエンターテイメント ジャパン, 2012 年)

■第6章

Chetham-Strode, Warren, *The Guinea-Pig: A Play in Three Acts* (London: Marston, 1946)

Cooper, Jilly, *Wicked!* (2006; London: Corgi Books, 2007)

Fraser, George MacDonald, *Flashman* (1969; London: Harper Collins, 2005)

Grange Hill, BBC 1, 8 February 1978－15 September 2008

Hope and Glory, BBC 1, 22 June 1999－5 November 2000

Turner, David, *The Old Boys: The Decline and Rise of the Public School* (New Haven: Yale University Press, 2015)

Waterloo Road, BBC 1, 9 March 2006－9 March 2015

■おわりに

Milne, A. A. *The House at Pooh Corner* (1928; London: Penguin Books, 1992)

新井潤美

1961年生まれ
1990年東京大学大学院博士課程満期退学
専攻－比較文学比較文化
現在－上智大学文学部教授，学術博士
著書－『階級にとりつかれた人びと――英国ミドル・クラスの生活と意見』(中公新書)
『不機嫌なメアリー・ポピンズ――イギリス小説と映画から読む「階級」』(平凡社新書)
『自負と偏見のイギリス文化――J・オースティンの世界』(岩波新書)
『執事とメイドの裏表――イギリス文化における使用人のイメージ』(白水社)
『魅惑のヴィクトリア朝――アリスとホームズの英国文化』(NHK出版新書) ほか
編訳書－ジェイン・オースティン『ジェイン・オースティンの手紙』(岩波文庫) ほか

パブリック・スクール
―イギリス的紳士・淑女のつくられかた　岩波新書(新赤版)1630

2016年11月18日　第1刷発行

著　者　新井潤美《あらいめぐみ》

発行者　岡本　厚

発行所　株式会社 岩波書店
〒101-8002 東京都千代田区一ツ橋2-5-5
案内 03-5210-4000　営業部 03-5210-4111
http://www.iwanami.co.jp/

新書編集部 03-5210-4054
http://www.iwanamishinsho.com/

印刷製本・法令印刷　カバー・半七印刷

ISBN 978-4-00-431630-5　　Printed in Japan

岩波新書新赤版一〇〇〇点に際して

ひとつの時代が終わったと言われて久しい。だが、その先にいかなる時代を展望するのか、私たちはその輪郭すら描きえていない。二〇世紀から持ち越した課題の多くは、未だ解決の緒を見つけることのできないままであり、二一世紀が新たに招きよせた問題も少なくない。グローバル資本主義の浸透、憎悪の連鎖、暴力の応酬――世界は混沌として深い不安の只中にある。

現代社会においては変化が常態となり、速さと新しさに絶対的な価値が与えられた。消費社会の深化と情報技術の革命は、種々の境界を無くし、人々の生活やコミュニケーションの様式を根底から変容させてきた。ライフスタイルは多様化し、一面では個人の生き方をそれぞれが選びとる時代が始まっている。同時に、新たな格差が生まれ、様々な次元での亀裂や分断が深まっている。社会や歴史に対する意識が揺らぎ、普遍的な理念に対する根本的な懐疑や、現実を変えることへの無力感がひそかに根を張りつつある。そして生きることに誰もが困難を覚える時代が到来している。

しかし、日常生活のそれぞれの場で、自由と民主主義を獲得し実践することを通じて、私たち自身がそうした閉塞を乗り超え、希望の時代の幕開けを告げてゆくことは不可能ではあるまい。そのために、いま求められていること――それは、個と個の間で開かれた対話を積み重ねながら、人間らしく生きることの条件について一人ひとりが粘り強く思考することではないか。その営みの糧となるものが、教養に外ならないと私たちは考える。歴史とは何か、よく生きるとはいかなることか、世界そして人間はどこへ向かうべきなのか――こうした根源的な問いとの格闘が、文化と知の厚みを作り出し、個人と社会を支える基盤としての教養となった。まさにそのような教養への道案内こそ、岩波新書が創刊以来、追求してきたことである。

岩波新書は、日中戦争下の一九三八年一一月に赤版として創刊された。創刊の辞は、道義の精神に則らない日本の行動を憂慮し、批判的精神と良心的行動の欠如を戒めつつ、現代人の現代的教養を刊行の目的とする、と謳っている。以後、青版、黄版、新赤版と装いを改めながら、合計二五〇〇点余りを世に問うてきた。そして、いままた新赤版が一〇〇〇点を迎えたのを機に、人間の理性と良心への信頼を再確認し、それに裏打ちされた文化を培っていく決意を込めて、新しい装丁のもとに再出発したいと思う。一冊一冊から吹き出す新風が一人でも多くの読者の許に届くこと、そして希望ある時代への想像力を豊かにかき立てることを切に願う。

（二〇〇六年四月）

世界史

中南海 知られざる中国の中枢　稲垣清
袁世凱　岡本隆司
李鴻章　岡本隆司
二〇世紀の歴史　木畑洋一
新・ローマ帝国衰亡史　南川高志
イギリス史10講　近藤和彦
植民地朝鮮と日本　趙景達
近代朝鮮と日本　趙景達
シルクロードの古代都市　加藤九祚
中華人民共和国史〔新版〕　天児慧
物語 朝鮮王朝の滅亡　金重明
マヤ文明　青木和夫
北朝鮮現代史　和田春樹
四字熟語の中国史　冨谷至
新しい世界史へ　羽田正
パル判事　中里成章
グランドツアー 18世紀イタリアへの旅　岡田温司

玄奘三蔵、シルクロードを行く　前田耕作
マルコムX　荒このみ
パリ 都市統治の近代　喜安朗
ノモンハン戦争 モンゴルと満洲国　田中克彦
毛沢東　竹内実
中国という世界　竹内実
文化大革命と現代中国　安藤正士・太田勝洪・辻康吾
ウィーン 都市の近代　田口晃
空爆の歴史　荒井信一
紫禁城　入江曜子
溥儀　入江曜子
ジャガイモのきた道　山本紀夫
北京　春名徹
朝鮮通信使　仲尾宏
フランス史10講　柴田三千雄
地中海　樺山紘一
韓国現代史　文京洙
多神教と一神教　本村凌二

奇人と異才の中国史　井波律子
ピープス氏の秘められた日記　臼田昭
古代オリンピック　桜井万里子・橋場弦 編
ドイツ史10講　坂井榮八郎
ナチ・ドイツと言語　宮田光雄
ナチスの時代　H・マウ, H・クラウスニック, 内山敏 訳
マルクス・エンゲルス小伝　大内兵衛
ドイツ戦歿学生の手紙　ヴィットコップ編 高橋健二訳
ニューヨーク　亀井俊介
スコットランド 歴史を歩く　高橋哲雄
ローマ散策　河島英昭
離散するユダヤ人　小岸昭
現代史を学ぶ　溪内謙
アメリカ黒人の歴史〔新版〕　本田創造
諸葛孔明　立間祥介
上海一九三〇年　尾崎秀樹
ゴマの来た道　小林貞作

岩波新書より

教育

随筆

ナグネ 中国朝鮮族の友と日本	最相葉月
医学探偵の歴史事件簿	小長谷正明
医学探偵の歴史事件簿 ファイル2	小長谷正明
里の時間	芥川仁 阿部直美
閉じる幸せ	残間里江子
女の一生	伊藤比呂美
仕事道楽 新版 スタジオジブリの現場	鈴木敏夫
もっと面白い本	成毛眞
面白い本	成毛眞
99歳一日一言	むのたけじ
土と生きる 循環農場から	小泉英政
なつかしい時間	長田弘
ラジオのこちら側で	ピーター・バラカン
百年の手紙	梯久美子
本へのとびら	宮崎駿
ぼんやりの時間	辰濃和男
文章のみがき方	辰濃和男
四国遍路	辰濃和男
文章の書き方	辰濃和男
思い出袋	鶴見俊輔
活字たんけん隊	椎名誠
活字の海に寝ころんで	椎名誠
活字博物誌	椎名誠
活字のサーカス	椎名誠
道楽三昧	小沢昭一 神崎宣武 聞き手
和菓子の京都	川端道喜
人生読本 落語版	矢野誠一
ブータンに魅せられて	今枝由郎
悪あがきのすすめ	辛淑玉
怒りの方法	辛淑玉
水の道具誌	山口昌伴
スローライフ	筑紫哲也
マンボウ雑学記	北杜夫
森の紳士録	池内紀
シナリオ人生	新藤兼人
老人読書日記	新藤兼人
夫と妻	永六輔
職人	永六輔
大往生	永六輔
現代人の作法	中野孝次
ジャズと生きる	穐吉敏子
日本の「私」からの手紙	大江健三郎
あいまいな日本の私	大江健三郎
沖縄ノート	大江健三郎
ヒロシマ・ノート	大江健三郎
命こそ宝 沖縄反戦の心	阿波根昌鴻
勝負と芸 わが囲碁の道	藤沢秀行
メキシコの輝き	黒沼ユリ子
アメリカ遊学記	都留重人
白球礼讃 ベースボールよ永遠に	平出隆
農の情景	杉浦明平
プロ野球審判の眼	島秀之助

文学

現代秀歌	永田和宏
近代秀歌	永田和宏
俳人漱石	坪内稔典
正岡子規 言葉と生きる	坪内稔典
季語集	坪内稔典
言葉と歩く日記	多和田葉子
杜甫	川合康三
白楽天	川合康三
古典力	齋藤孝
読書力	齋藤孝
食べるギリシア人	丹下和彦
和本のすすめ	中野三敏
老いの歌	小高賢
魯迅	藤井省三
ラテンアメリカ十大小説	木村榮一
王朝文学の楽しみ	尾崎左永子
文学フシギ帖	池内紀
ヴァレリー	清水徹
ぼくらの言葉塾	ねじめ正一
わが戦後俳句史	金子兜太
季語の誕生	宮坂静生
和歌とは何か	渡部泰明
ミステリーの人間学	廣野由美子
小林多喜二	ノーマ・フィールド
いくさ物語の世界	日下力
論語入門	井波律子
中国の五大小説 上 三国志演義・西遊記	井波律子
中国の五大小説 下 水滸伝・金瓶梅・紅楼夢	井波律子
中国文章家列伝	井波律子
三国志演義	井波律子
折々のうた	大岡信
新折々のうた 総索引	大岡信編
中国名文選	興膳宏
アラビアンナイト	西尾哲夫
グリム童話の世界	高橋義人
ホメーロスの英雄叙事詩	高津春繁
小説の読み書き	佐藤正午
チェーホフ	浦雅春
英語でよむ万葉集	リービ英雄
源氏物語の世界	日向一雅
花のある暮らし	栗田勇
一億三千万人のための小説教室	高橋源一郎
ダルタニャンの生涯	佐藤賢一
漢詩	松浦友久
花を旅する	栗田勇
一葉の四季	森まゆみ
翻訳はいかにすべきか	柳瀬尚紀
太宰治	細谷博
短歌パラダイス	小林恭二
歌い来しかた	近藤芳美
隅田川の文学	久保田淳
漱石を書く	島田雅彦
短歌をよむ	俵万智
西行	高橋英夫
新しい文学のために	大江健三郎

岩波新書／最新刊から

1619 **戦国と宗教** 神田千里 著

乱世を生きる人々を支えた信仰とは？ 大名の戦勝祈願、庶民の本願寺信仰、キリスト教の移入等を、「天道」に注目しつつ読み解く。

1620 **日本の一文 30選** 中村 明 著

プロの作家による、読み手を唸らせる名表現。そこにある表現のテクニックとは？ 読みたい人にも書きたい人にもお薦めの一冊！

1621 **ルポ 貧困女子** 飯島裕子 著

アラフォー／非正規／シングル／子どもなし。気がつけば、崖っぷち…。極めて見えにくい、若年女性たちの直面する困難とは？

1622 **経済学のすすめ** ―人文知と批判精神の復権― 佐和隆光 著

古典の英知にふれて思考力・判断力・表現力をみがく。理論の思想構造を見究め、批判精神を養う。これから経済学を学ぶ人へ語る。

1623 **魚と日本人** 食と職の経済学 濱田武士 著

多くの「職人」によって支えられている日本独自の魚食文化。各地の市場と港を訪れた著者が、激変する現状を危機感とともに描く。

1624 **ルポ 難民追跡** バルカンルートを行く 坂口裕彦 著

欧州各国に押し寄せる「難民」。一人ひとりの素顔、苦悩や希望とは？ 受け入れ側の論理や戸惑いは？ 「大移動」の同時進行報告。

1625 **弘法大師空海と出会う** 川﨑一洋 著

いまも多くの人をひきつける弘法大師空海。その歴史的事跡、伝説、美術、書、著作、思想などを、ゆかりの地の紹介とともに解説。

1626 **読書と日本人** 津野海太郎 著

〈読書〉という行為はいつどのように生まれ、どこへ向かうのか？ 〈読書の黄金時代〉を駆け抜けてきた著者による、渾身の読書論！

(2016. 11)